Eine Reminiszenz auf die Geschichte der Stadthalle und auf die Geschichte der Kunst und Kultur in Görlitz

Wo die Sonne der Kultur niedrig steht, werfen selbst Zwerge lange Schatten!

Präambel

Freude, schöner Götterfunken,
Tochter aus Elysium,
Wir betreten feuertrunken,
Himmlische, dein Heiligtum.

Deine Zauber binden wieder,
Was die Mode streng geteilt,
Alle Menschen werden Brüder,
Wo dein sanfter Flügel weilt

Wir Europäer kennen Schillers »Ode an die Freude«. Deren allgewaltiger Text, vertont vom großen Ludwig van Beethoven in seiner 9. Symphonie, ist die Hymne der Europäischen Union. Warum wohl? Die wenigsten der bei uns lebenden Migranten sind damit vertraut. Aber, die Musik und die Kunst war und ist schon immer ein Frieden stiftendes und Völker verbindendes Element der Menschheit. Sie muss durch den Menschen nur die Gelegenheit bekommen, ihre Wirkung auf deren Seelen zu entfalten, denn:

Freude heißt die starke Feder
In der ewigen Natur.
Freude, Freude treibt die Räder
In der großen Weltenuhr.

Ein besonderer Ort, die Musik integrationsfördernd wirken zu lassen, ist unsere wundervolle Stadthalle mit ihrer weltweit einzigartigen Konzertorgel. Wir sagen oft und auch mit Recht, dass die Musik eine Weltsprache ist, dass Musik überall verstanden werden kann und dass Musik und Tanz die Menschen verbinden, über alle Grenzen, vor allem über die Grenzen der Sprache hinweg. Wie frei eine Gesellschaft ist, die das durchsetzt, erkennen wir nicht zuletzt daran, wie frei in ihr die Kunst ist - auch wie frei sie ist von politischer Inanspruchnahme. Es bleibt aber eben auch wahr, dass die Musik wie keine andere Kunst Menschen verbinden kann, und so auch die Ähnlichkeiten ihrer Träume und ihrer Hoffnungen, ihrer Enttäuschungen und ihrer Trauer zum Ausdruck bringt. Das erreicht die junge

Generation genauso wie die ältere, unabhängig davon, welche Art von Musik sie trifft. Ein Migrant, der in unserem Land lebt, das ihm vielleicht noch fremd ist, wird in der Musik viele Einflüsse aus den musikalischen Sprachen der Welt finden und Freude, denn Musik ist die Sprache der Seele und somit fühlen sich Menschen, denen die Musik gefällt, auch irgendwie seelenverwandt.

Gerade deshalb ist es so wichtig, unsere multifunktionale Stadthalle wieder der Bestimmung zuzuführen, für die sie einst erbaut wurde, für die ältere, für die junge Generation als auch für die Integration der neuen Bürger. Um dies zu verwirklichen, hat ein wundervolles Orchester, die Neue Lausitzer Philharmonie, Anrecht auf eine ebenso wundervolle Heimat – auf einen wundervollen Konzertsaal in unserer Stadthalle.

Sie, die Stadthalle, strahlte einst internationales Flair aus und es muss uns wieder gelingen, mithilfe der Musik unsere Stadt wieder zur kulturellen Größe emporschwingen zu lassen. In der Vergangenheit war unsere Stadt eine kulturelle Größe – sie kann und muss es wieder werden.

Der Zusammenschluss von Bühnen und Konzerthaus zu einer Vereinigung der kulturellen Kräfte zeigt diesen Weg auf, der, wenn er denn begangen, von Erfolg gekrönt sein wird. Görlitz wird dann wieder den Titel *„Musikstadt"* mit Würde tragen können, denn die Musik verbindet Menschen und vermittelt Respekt gegenüber unterschiedlichster Kulturen im In- als auch im nachbarlichen Ausland.

Wer sich aber noch nie mit der Kulturgeschichte der Görlitzer befasst hat, kann auch nicht nachvollziehen, welche Bedeutung die Stadthalle für die Stadt und ihre Menschen hat.

»Musikstadt«, welch ein Geist, welch ein Klang schwebte einst über unserer Stadt …"

Hans-Peter Bauer

Januar 2019

Ein Rückblick auf die Görlitzer Kulturgeschichte.

«Kultur ist die Gesamtheit der Lebensäußerungen der menschlichen Gesellschaft in Lebensführung und Lebensgestaltung, in Sprache, Religion, Wissenschaft und Kunst.»
So steht es, vielleicht noch umfassender beschrieben, in allen seriösen Enzyklopädien.
«Die Kultur ist ihrem Wesen nach also zweifach. Sie verwirklicht sich in der Herrschaft der Vernunft über die Naturkräfte und in der Herrschaft der Vernunft über die menschlichen Gesinnungen», definierte viel später einmal Albert Schweitzer den Kulturbegriff.

Wird die Entwicklung der Kultur in Görlitz unter diesen beiden Aspekten betrachtet, dann stellt man fest, sie umfasste bereits ab dem Mittelalter nach und nach alle Lebensbereiche der Bürger in unserer Stadt.
Die Görlitzer Kultur ist so umfangreich und gleichzeitig so einmalig, wie es vielleicht keine andere Stadt in ihrer Entwicklung aufzeigen kann. Darauf können die Görlitzer stolz sein und das auch zum Ausdruck bringen.

In der Zeit des Barocks (1550 bis etwa 1750) und insbesondere in der Zeit der Klassik (1786 bis etwa 1852) fand die Kunst in Görlitz den Weg zu den Menschen. Dies beweist sich in der künstlerischen Beschäftigung einer einzelnen Person genauso wie im vielfältigen, geschichtlich lebendigen Vereinsleben.
Und das entwickelte sich im alten Görlitz wirklich vielfältig!
Die Wissenschaft und die Kunst in unserer Stadt entfalteten sich in diesen Perioden in einem atemberaubenden Tempo. Das Neue aus Literatur, Kunst und Musik fand seinen Weg in die Neißestadt und machte Görlitz weit über seine Grenzen hinaus bekannt.
Das Gymnasium Augustum, insbesondere als Zentrum der Bildung, hatte unter seinen namhaften Rektoren, wie Samuel Grosser oder Friedrich Christian Baumeister, eine beachtliche Ausstrahlung weit über die Grenzen von Görlitz hinweg. Später, bis zum Neubau des Gymnasiums, war kein anderer als Karl

Seite 5

Gottlieb Anton dessen Rektor, ein exzellenter Historiker und ein Kenner der deutschen Sprache.

Das Gymnasium wurde zum Hort der Aufklärungsphilosophie. Vor allen Dingen die Lehre zur Literatur und zur deutschen Sprache machte es möglich, Bildung auch den ärmeren Familien näher zu bringen. Spenden verhalfen auch dem ärmeren Teil der Bürgerschaft zu einem Schulbesuch.

Die bildende Kunst, die darstellende Kunst im Theater, die Literatur, sowie die Musik, hielten in dieser Zeit ungestümen Einzug in Görlitz.

Fakten zur Geschichte der Kunst in Görlitz

Das Salzhaus auf dem Obermarkt war damals ein Mittelpunkt für das gebildete Bürgertum. Seit 1769 wurde das Salzhaus erfolgreich zu Theateraufführungen genutzt. In dieser Zeit hatte

Görlitz etwa 7.600 Einwohner. Die darstellende Kunst erreichte inzwischen alle Bürgerschichten in der Stadt und in deren Umgebung. Im Salzhaus wurden bis 1804 Schauspiele und Dramen von Lessing, Shakespeare und Schiller aufgeführt. Das waren ihre Erfolgsstücke wie »Minna von Barnhelm«, »Hamlet«, »Romeo und Julia«, »Der Widerspenstigen Zähmung« und ab 1795 wurden die frühen literarischen Glanzpunkte Schillers »Die Räuber« und »Kabale und Liebe« zur Aufführung gebracht.

Diese Großen der Literatur wurden hier mit gewaltigem Erfolg gezeigt. Die Kunst stand in Görlitz unter einem guten Stern, denn sie wurde von den Stadtvätern und mit der Wirtschaftskraft der bürgerlichen Oberschicht nach Kräften gefördert. Das Salzhaus, das Gymnasium Augustum und die Dreifaltigkeitskirche wurden für die Görlitzer zu Zentren der Bildung und der Aufklärung. Ein Beispiel dafür ist die lange Tradition des Schülertheaters im Gymnasium Augustum. Seine Aufführungen waren und sind noch heute immer ein gesellschaftlicher Höhepunkt in Görlitz.

Die Oberlausitzische Gesellschaft der Wissenschaften war 1779 auf Initiative des damals 27 Jahre alten Juristen, Historikers und Sprachforschers Karl Gottlob Anton und des Gutsherrn und Naturwissenschaftlers Adolph Traugott von Gersdorf in Görlitz gegründet worden

Viele hochgestellte Persönlichkeiten besuchten in dieser Zeit Görlitz und sie hinterließen bleibende Spuren, die bis zum heutigen Tage sichtbar und in aller Munde sind.

Das Salzhaus musste 1851 der Moderne weichen, zu diesem Zeitpunkt war das Salzhaus 444 Jahre alt. Als Speicher war es längs überflüssig und als Spielstätte nach der Eröffnung des neuen Theaters auch.

Dem preußischen König Friedrich Wilhelm IV. war es zu verdanken, dass die Abrisswut der Stadtoberen nicht auch noch auf den Kaisertrutz übergriff. Alles in allem war das eine stille und trotzdem deutliche Anmahnung des Königs, mit der Geschichte und den Görlitzer Traditionen doch behutsam umzugehen. Wohl dem, wir hätten noch einen «König» der zum Erhalt unserer Kulturdenkmäler anmahnt!

Ein prägender Satz des Königsberger Philosophen Emanuel Kant, der ja ein Kind dieser Zeit war, stand wohl auch Pate bei unseren Stadtvätern, als um die Jahrhundertwende des 19. zum 20. Jahrhundert die Kultur in Görlitz ihren rasanten Aufschwung nahm.

«Handle nur nach derjenigen Maxime, durch die du zugleich wollen kannst, dass sie ein allgemeines Gesetz werde».

(Es war das Leitmotiv des OBs Jochmann)

Was wurde da nicht alles in Görlitz betrieben, gebaut und errichtet, um der Kunst als Teil der Görlitzer Kultur eine würdige Form zu verleihen.

In der Neißstraße 27 wurde seit 1820 in Ermanglung guter Spielstätten siebenundzwanzig Jahre lang ein gut besuchtes Privattheater bespielt, bis es baupolizeilich gesperrt wurde.

Das Stadttheater

Unter dem Oberbürgermeister Jochmann begannen 1850/51 die Baumeister Kießler und Fritsche, den Bau des Stadt-Theaters.

Der erste Entwurf für den Theaterneubau wurde vom Berliner Architekten Eduard Titz eingereicht, jedoch vom Magistrat aus finanziellen Gründen abgelehnt.

In etwas abgewandelter Form wurde es dann dennoch gebaut. Mit der steigenden Einwohnerzahl erhöhten sich auch die kulturellen Bedürfnisse der Bevölkerung. Übrigens, als sich die Stadt das Theater baute, hatte sie nur 23.000 Einwohner!

Aber das Theater wurde zur Zugnummer der strukturellen Entwicklung von Wirtschaft und Handel. Die Stadt wuchs rasant, nicht nur durch die Wirtschaft, sondern weil ihr kulturelles Umfeld stimmte.

Das Konzerthaus

Nur sechsundzwanzig Jahre später errichtete die Stadt unter der Ägide des Oberbürgermeisters Friedrich Gobbin im Jahre 1876 das Konzerthaus.

Mit dem Aufkommen der neuen bürgerlichen Konzertkultur in der zweiten Hälfte des 18. Jahrhunderts war das notwendig, es stieg der Bedarf an stets neuen musikalischen Attraktionen für eine breite Hörerschicht, denn in diesen sechsundzwanzig Jahren hatten sich die Einwohner in Görlitz bereits auf 45.300 verdoppelt.

Die Musik wurde auch in Görlitz erstmals als selbstzweckhafte Kunstübung verstanden, zurechtgestutzt auf die Schauwerte reisender Schauspieler, in der sich Humanität und Gefühl repräsentativ und unterhaltend darstellen.

Konzerthaus-Saal Leipziger Straße, Schauplatz der Uraufführung

In der Stadt und bei den Bürgern im Umland fiel diese Entwicklung auf fruchtbaren Boden. Der Oberbürgermeister Friedrich Gobbin hat die kulturelle Entwicklung seiner Stadt genau verfolgt und analysiert. Mit dem Bau des Konzerthauses wurde buchstäblich dieser Entwicklung in Görlitz Rechnung getragen.

(Der Traditionsbau knapp 100 Jahre alt wurde 1975 trotz aller Proteste gesprengt. Im Konzerthaus wurde Görlitzer Geschichte geschrieben)

Das Wilhelmtheater

Nur zwölf Jahre nach dem Bau des Konzerthauses 1888 begann, nach den Entwürfen des Architekten Gerhard Röhr, der Bau des Wilhelmtheaters. Gerhard Röhr war in Görlitz kein unbekannter Architekt. Etwa 74 Bauten in Görlitz (davon heute 14 im polnischen Stadtteil) tragen seine Handschrift. Der Bau des Wilhelmtheaters stand unter der Schirmherrschaft des Oberbürgermeisters Clemens Reichert. Es fungierte als

Sommertheater während der Schließzeiten des Stadttheaters. In ihm wurden aber auch Amateurtheaterstücke und Konzerte aufgeführt sowie rauschende Bälle und andere gesellschaftliche Veranstaltungen abgehalten. Der Theatersaal war für 2000 Zuschauer konzipiert und das Gartenrestaurant fasste 3000 Gäste.

Oberbürgermeister Clemens Reichert hatte erkannt, dass die Kunst die Entwicklung der Stadt und ihrer Umgebung, positiv erschloss.

Die Geschichte gab ihm recht!

Innerhalb dieses Zeitraumes stieg die Zahl der Görlitzer sprunghaft auf 62.000 Einwohner ...

1911 wurde das Wilhelmtheater zum Varietétheater umgebaut. Diese neue Kunstgattung eroberte die Stadt wie im Fluge.

Das Varieté, eine Mischung von Theater und Zirkus fand nicht nur die Zustimmung der Bürger, sondern sie zog auch Besucher aus dem Umland nach Görlitz.

Die Umwidmung zum Varietétheater wurde möglich, weil 1906 ein neues Konzerthaus gebaut wurde.

Zu DDR-Zeiten trug das Wilhelmtheater zeitweilig den Namen «Karl-Marx-Klubhaus» und wurde dem VEB-Waggonbau zugeordnet.

Aber 1980 aber wurde der ursprüngliche Zustand des Theaters wiederhergestellt.

Epilog

Trotz starker Proteste aus der Görlitzer Bürgerschaft und Denkmalpflegern aus ganz Deutschland, musste im Jahr **2001** das 113 Jahre alte aber völlig intakte Gebäude, nebst einigen Nachbarvillen, darunter das beliebte »Posteck«, ehemals das «Cafe Reichspost» am Postplatz, einem neuen Einkaufszentrum mit Parkhaus weichen, einem Betonklotz, der sich nur schwer in die ihn umgebende Architektur einpasst.

Das war ein weiterer, gravierender Fehler des politischen Establishements, der sich nun nicht mehr korrigieren lässt!

Man muss sich das einmal auf der Zunge zegehen lassen:

Görlitz - die deutsche Modellstadt für Denkmalschutz! Görlitz plant den Abbruch eines Theaters und einer Straßenzeile aus der Zeit des Klassizismus. Direkt hinter dem einzigen voll erhaltenen, aus dieser Zeit stammenden Warenhaus, dem Karstadt-Palast von 1913, soll ein ganzer Straßenzug mitsamt dem Wilhelm-Theater und klassizistischen Villen niedergelegt und durch ein Einkaufscenter ersetzt werden.

Gegen die Maßnahme liefen Bürgerinitiativen, Architekten, Denkmalpfleger und Anlieger Sturm. Die Gesellschaft «Historisches Berlin» hatte zu einer Sternfahrt nach Görlitz aufgerufen. «*Wir protestieren gegen diese Kulturbarbarei*», schrieb deren Vorsitzende Annette Ahme.

Der erste Entwurf des vorhabenbezogenen Bebauungsplans für das City-Center liegt im April 1999 öffentlich aus. Görlitzer Bürger wie Fachleute geben zu bedenken: Die historische Bausubstanz ist der wichtigste Trumpf der Stadt - wie kann man da abreißen? Außerdem harmoniert das neue City-Center nicht mit dem alten Görlitz. **Doch mit dem Argument der Innenstadtbelebung stellen Verwaltung und Stadtrat wirtschaftliche Interessen über die des Denkmalschutzes**. Selbst der oberste sächsische Denkmalschützer, Prof. Gerhard Glaser, kann der Stadt nur empfehlen, zwei Villen am Postplatz stehen zu lassen und auch den großen Saal im Wilhelmstheater nicht abzureißen.

Letztendlich überlässt das Regierungspräsidium die Abrissgenehmigung der Görlitzer Stadtverwaltung.

Alle Proteste erwiesen sich als vergebens. Der Wille des Souveräns wurde wieder einmal missachtet!

Die Stadthalle

Nur achzehn Jahre nach dem Bau des Wilhelmtheaters legten die Görlitzer 1906 den Grundstein für eine neue Musikhalle, die Stadthalle in Görlitz. Die alte Tonhalle, von den Görlitzern liebevoll ironisch „Musikstall" genannt, wies zwar eine, für damalige Verhältnisse, gute Akustik auf, aber sie genügte den Anforderungen der moderner gewordenen Klangkörper nicht mehr. Nach mehrmaligen Umzügen vom Neumarkt zum Wilhelmsplatz und danach zum Stadtpark, wurde die alte Tonhalle abgerissen.

Die mittlerweile berühmt gewordenen «Schlesischen Musikfeste» sollten einen würdigen Rahmen bekommen.

Einen beträchtlichen Teil der Baukosten spendete deren Initiator Bolko Graf von Hochberg selbst. Der Industrielle Otto Müller sponserte einen Teil der Kosten für die Sauerorgel. Oberbürgermeister Georg Snay, Graf von Hochberg und andere Honoratioren leisteten die symbolischen Hammerschläge für den Grundstein dieser außergewöhnlichen Konzerthalle.

Ein denkwürdiger Tag für die kulturelle Entwicklung der Stadt. Seit dieser Zeit bis in die jüngste Vergangenheit verband sich die Geschichte der Stadthalle mit den «Schlesischen Musikfesten», die Hans Heinrich XIV. Bolko Graf von Hochberg

– so ist sein voller Name - 1876 ins Leben gerufen hatte. Den einzigartigen Entwurf der Halle lieferte der Berliner Architekt und Theaterbaumeister Bernhard Sehring.

Ausgestattet mit einer weltweit einmaligen Konzertorgel der Firma Sauer, brachte der große Saal eine außergewöhnliche

Akustik für die Konzertbesucher. Wilhelm Sauer war ein virtuoser Orgelbauer, der hier eines seiner Meisterwerke ablieferte und es war das letzte Meisterwerk in seinem Leben. Dieses Görlitzer Instrument ist die weltweit einzige Konzertsaalorgel dieser Größe, noch dazu mit einem voll funktionierendem Fernwerk aus der Epoche des Jugendstils,

das Erstaunliche aber ist, die Orgel ist bis heute unverändert mit vollpneumatischen Trakturen erhalten geblieben. Die Konzertorgel verfügt über 72 klingende Stimmen und vier Manuale und Pedal. Das Instrument ermöglicht damit eine authentische Wiedergabe der romantischen Orgelliteratur. Da das ganze Orgelwerk in einem besonderen Schwellkasten eingebaut ist, ermöglicht die Orgel dem Organisten die reichlichsten Klangschattierungen zu spielen und das heute noch.

Der Große Saal der Stadthalle

Entwurf zur Platzeinteilung Großer Saal)

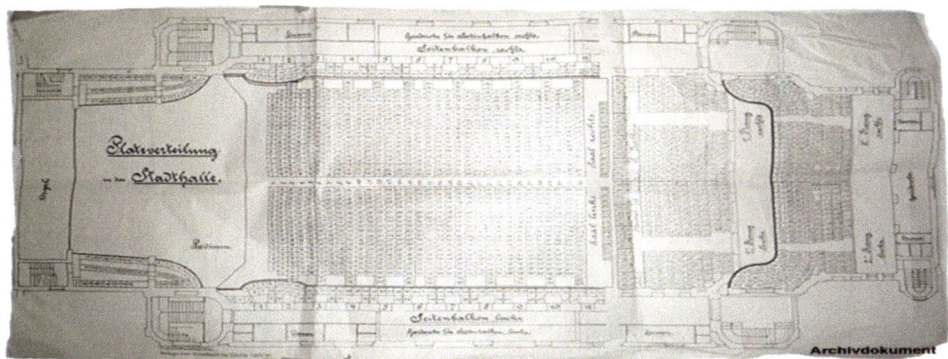

Bis zu 1700 Sitzplätze fasste der große Saal, aber mit zusätzlichen Stehplätzen waren es bis zu 4000 Personen, die dort den Konzerten lauschen konnten. Das Bauwerk verbindet den großen Saal mit zwei Rängen und den Garderoben.

Der Kammermusiksaal, auch Bankettsaal genannt, mit etwa 370 Plätzen und die Gaststätte wurden ebenfalls über diese Verbindungen erreicht. Auf der Bühne des großen Saales finden bis zu 900 Mitwirkende Platz. Eine gewaltige Bühne, die Chören und Orchestern ausreichend Platz bietet.

Die mit Treppen versetzte Bühne ist allerdings schwierig zu nutzen und erinnert an das einstige Konzertziel der «Schlesischen Musikfeste». Diesem diente auch die umlaufende Empore, die auf der Rückseite in den ersten Rang mündete.

Der Stadthallengarten

In über einhundert Jahren ist in dem Bereich zwischen Stadthalle, Neißeufer und Stadtpark viel geschehen. Der Garten war vorrangig zum Promenieren in den Konzertpausen gedacht. Er verfügte auch über eine Konzertmuschel, die an sonnigen Nachmittagen Kapellen die Möglichkeit gab, die Besucher mit ihrer Musik zu erfreuen. Blumenbeete säumten die Flanierwege und eine gut funktionierende Gaststätte ließ es an nichts fehlen. Sie versorgte auf der Terrasse die Gäste auch zwischen den Saalveranstaltungen mit Speis und Trank Bald aber wichen diese Blumenbeete einer Tanzfläche, die vor allen Dingen den jungen Leuten an Sommerabenden und an Wochenenden das Tanzvergnügen ermöglichte. In der Nachkriegszeit wurde der Stadthallengarten neu eingerichtet, modernisiert und durch die Stadthallengastronomie betreut. An den Wochenenden kamen Familien mit Kindern sowie Gäste von auswärts und belebten das Areal des Gartens. Der einstmals nur zum Flanieren gedachte, parkähnliche Stadthallengarten bekam ein völlig anderes Gesicht.
Die vielseitige Verwendbarkeit der Stadthalle sicherte damals der Stadt die Einnahmen für Unterhaltung, Personal und den sonstigen Betriebskosten.
Mit ihrer Einweihung war, die damals größte Musikhalle zwischen Breslau und Dresden entstanden.
Abgesehen von den Baukosten war es eine enorme Leistung der Görlitzer Bürger, dieses gigantische Bauwerk mitzutragen. Über eine Lotterie kompensierten sie wenigstens einen Teil dieser Kosten.

Von Generation zu Generation übergaben die Görlitzer ihre Liebe zu ihrer Stadthalle, die bis heute tief in den Herzen der älteren Görlitzer eingebrannt ist.

In Görlitz hat jeder Erinnerungen an die alte Stadthalle. Oft gaben sich hier Stars ein Stelldichein, was nicht verwundert. Nach 1945 galt die Halle noch viele Jahre als «Goßes Haus». Der Deutsche Fernsehfunk ging ein und aus, selbst Radio Paris sendete aus dem Saal.

Erst, als Leipzig sein Haus der heiteren Muse und Dresden seinen Kulturpalast bekamen, begann der überregionale Stern der Görlitzer Stadthalle Mitte der 1960er Jahre langsam zu verblassen.

Dennoch, Künstler der ersten Reihe waren weiter präsent. Hier gastierten riesige Ensembles wie das brasilianische Showballett oder das Londoner Symphonieorchester, hier musizierten die wichtigsten Kapellen Moskaus, Tokios und Berlins, hier tanzte die Pawlowa mit dem Bolschoi-Ensemble, hier entstand «Zwischen Frühstück und Gänsebraten», von der Stadthalle aus ging Schöbels Hit «Wie ein Stern» sogar gen Westen.

Die klassische Musik wurde dadurch auf einen Nebenplatz geschoben aber nicht aufgehoben. Eine künstlerische Abteilung entstand in der Stadt, die eigene Veranstaltungen produzierte, von denen die Görlitzer und ihre Gäste noch lange Zeit sprachen. Von den «Überraschungen zum Fest», den «Eulenspiegelfechtereien», «Prominente zu Gast» und den regelmäßigen Motto-Veranstaltungen seien nur einige genannt. Erinnert sei auch an die «Lieder-Bar» im kleinen Saal, während im Stadthallengarten die Dixie-Paraden ihren würdigen Abschluss feierten.

Das alles organisierte eine eigene Besucherabteilung, die ihren Sitz auf dem Wilhelmsplatz hatte. Der absolute Renner aber war die Reihe «Party zu zweit». Die Abonements waren teilweise nur unter dem Ladentisch erhältlich und mutierten zu begehrten Tauschobjekten.

Unsere Stadthalle
Der Prinz von Preußen und Graf Bolko von Hochberg

Zwei literarische Episoden zu zwei Konzerten der Schlesischen Musikfeste

Episode 1 »Der Prinz und der Graf«

Bolko Graf von Hochberg lehnte sich zurück und betrachtet das Profil des neben ihm sitzenden Prinzen von Preußen, den er mit seiner Gattin zu einer Probe für das Schlesische Musikfest 1911 eingeladen hatte. Unter der Stabführung von Generalmusikdirektor Dr. Karl Muck musizierten die königliche Kapelle und die niederschlesischen Chorvereine. Graf von Hochberg schmunzelte innerlich, als er das angespannte Gesicht seines Gegenübers sah, das im farbigen Licht der Saalfenster noch viel prägnanter schien, als es sonst war.
Wuchtig setzte die Sauerorgel ein. Der Prinz zuckte zusammen. Bernhard Irrgang, der königliche Musikdirektor, ließ die mächtige

Konzertorgel der Stadthalle in all ihren Facetten erklingen. In den Schlussakkord der Orgel mischten sich gefühlvoll die Klänge der Kapelle mit dem Gesang der über fünfhundert Chorsänger zu einem harmonischen Nachhall. Minutenlange Stille, dann applaudierten die hinter ihnen sitzenden Mitglieder des Vereins der Musikfreunde zu Görlitz, erst zaghaft und dann immer heftiger.

»Nun Königliche Hoheit, habe ich Euch zu viel versprochen?«

Der Prinz erhob sich und legte dem Grafen die Hand auf die Schulter.

»Es ist wahrlich ein Juwel, lieber Hochberg! Diese Musikhalle ist wahrlich ein Juwel zwischen Breslau und Berlin! Der Prinz neigte den Kopf seiner Gattin zu, die zustimmend nickte und redete weiter: „Und sie ist der aufblühenden Hauptstadt der preußischen Oberlausitz dienlich. Das sollten die Herren vom Görlitzer Magistrat mal nicht vergessen! Dieser ansehnliche Bau wird im schlesischen Musikleben noch eine bedeutende Rolle spielen, Hochberg! Als neu ernannter Landrat versichere ich Euch meiner maßgeblichen Unterstützung, Graf von Hochberg! Das hier hat mich heute mehr als überzeugt!«

Graf von Hochberg war erfreut, vom Prinzen Friedrich Wilhelm einen solchen Zuspruch zu bekommen. Auch Prinzessin Agatha zeigte sich begeistert.

»Ach Königliche Hoheit, es war schon nicht einfach! Aus einer hölzernen Ausstellungshalle einen Musikpalast zu machen, war schon eine Herausforderung, zumal schon einige Jahre zuvor das Ruhmeshallen-Comitee gegründet wurde. Deren Ziele liefen nicht immer konform mit unseren Bestrebungen, eine Musikhalle zu bauen!«

Graf Hochberg grinste und rieb sich die Hände, als er die fragende Miene des Prinzen sah. Er hatte dessen Neugier geweckt.

»Das müsst Ihr mir schon näher erklären, Graf! Im Großen und Ganzen bin ich mit dem Bau der Ruhmeshalle schon vertraut, aber dass es Zwiespalt gab?«, fragte dieser.

Hochberg zog einen Zettel aus seinem Ärmelaufschlag, schaute kurz darauf.

»Das sind eigentlich Interna, Königliche Hoheit!«, sagte der Graf.

»Papperlapapp, Hochberg! Interna, was soll das?«, antwortete der Prinz. Hochberg sah ihn an und Hochberg erzählte dann: »Ursprünglich sah das Konzept zwei Bauten mit unterschiedlicher Nutzung vor. Einmal das Kaiser Friedrich Museum, welches die Altertums-, Kunstgewerbe- und Kunstsammlungen der Stadt und der Oberlausitz beherbergen sollte und die Ruhmeshalle als Gedenkstätte für die Kaiser Wilhelm I. und Friedrich III. und sie sollte vor allen Dingen an die Reichsgründung 1871 erinnern. Aber das kennt Ihr ja Königliche Hoheit! Zum anderen sollte eine davon getrennte Musikhalle für die Schlesischen Musikfeste entstehen, die deren musikalischen Veranstaltungen vorbehalten sein sollte. Aber trotzdem sollten beide Häuser bei größeren Veranstaltungen gemeinsam genutzt werden. So die Idee!«

Graf Hochberg holte Luft und schluckte in Anbetracht der Erinnerungen.

»Dieses Vorhaben wurde aber alsbald in Frage gestellt!«

Prinz Friedrich Wilhelm schaute verständnislos zu seinem Gegenüber und der machte eine unmissverständliche Bewegung zwischen Daumen und Zeigefinger.

»Der Oberbürgermeister, Herr Büchtemann, gab mir vertraulich zu verstehen, dass die Stadt an ihren finanziellen Grenzen angekommen ist, Königliche Hoheit! Auf einen Zuschuss aus Berlin brauchte er nicht zu warten. Das Innenministerium hat in dem Vorhaben lediglich eine „provinzielle" Bedeutung zugemessen! Also von dort war nichts zu erwarten.

Sie boten aber die Ausrichtung einer Lotterie an. Als Kompromiss, wohlgemerkt, Königliche Hoheit! Im März wurde es dann offiziell: Mit den zur Verfügung stehenden Geldern können nicht zwei Vorhaben gebaut und ausgestattet werden!«

Graf Bolko bat seine Gäste, mit ihm den neu gestalteten Stadthallengarten zu besuchen, was diese auch wohlwollend annahmen.

»Wie habt Ihr das geschafft, Graf?«, fragte Prinzessin Agathe und hakte sich bei ihren Gatten unter.

Der Graf grinste etwas unverhohlen.

»Nachdem die Bemühungen um einen Neubau einer Musikhalle gescheitert waren, habe ich der Stadt die alte Halle am Exerzierplatz geschenkt und damit die Querelen um den Bauplatz abgewandt. Sie müssen wissen Königliche Hoheiten, die

Lotterie hatte tatsächlich Erfolg und erbrachte 300.000 Reichsmark. Ich selbst habe eine beträchtliche Summe in Aussicht gestellt. Die Bürger der Stadt und der Adel des Umlandes, namhafte Institutionen und Persönlichkeiten spendeten außerdem«.

Jetzt war es am Prinzen Friedrich Wilhelm zu grinsen.

»Ihr seid ja ein Schlitzohr, Graf! Am Geld lag es also nicht mehr. Ich ahne es, sagt nichts! Ihr habt den Oberbürgermeister auf Eure Seite gezogen?«

Graf von Hochberg lachte, ohne auf die Frage direkt zu antworten.

»Der Oberbürgermeister hat eine Kommission zusammengestellt und die hat den Berliner Architekten Hermann Krause mit entsprechenden Planungen beauftragt. Erste Ergebnisse wurden in perspektivischer Darstellung auf der Berliner Kunstausstellung gezeigt. Im Magistrat fielen sie durch! Ein wenig Schuld habe auch ich an der Situation, Königliche Hoheit! Ich habe nur die Musikfeste gesehen und nicht, was die künftige Nutzung unter wirtschaftlichen Bedingungen für die Stadt zwischen den Musikfesten bedeutet. Die Angelegenheit wurde im September 1900 in der Stadtverordnetenversammlung beraten und eine gemischte Kommission aus Magistrat, Bürgerschaft und Stadtverordneten einberufen, die fortan das Vorhaben begleiten sollte. Das Vorhaben wurde publik gemacht. Zahlreiche Bewerbungen aus Deutschland gingen beim Magistrat ein. Schließlich wurde 1905 einer der führenden Theaterbauer für das Projekt gewonnen – Bernhard Sehring!«

Der Graf machte eine Handbewegung zum großen Saal hin.

»In seinem Entwurf sah ich meine Vorstellungen einer Musikhalle für die Festspiele wieder und der Magistrat die seinen, für eine wirtschaftliche Nutzung der Stadthalle!«

Epilog zur Episode 1

Am 27. Oktober 1910 festlich durch das Philharmonische Orchester Berlin unter Leitung von Generalmusikdirektor Dr. Karl Muck eingeweiht, war die Stadthalle seinerzeit die größte Konzerthalle zwischen Breslau und Dresden. Die Stadthalle bleibt im Bewusstsein der älteren Görlitzer vor allem mit den Schlesischen Musikfesten verbunden. Seit 1889 war fast ausnahmslos Görlitz, die zweitgrößte Stadt Niederschlesiens, Gastgeber der Schlesischen Musikfeste, womit die Stadt einen nennenswerten Beitrag zum geistigen Reichtum Schlesiens leistete. Die Stadthalle Görlitz diente seit der Eröffnung 1910 bis zur Schließung 2004 zahlreichen unterschiedlichen kulturellen Veranstaltungen, darunter Konzerte, Sportereignisse und Messen.

Die Stadthalle war ursprünglich auf maßgebliches Betreiben Graf Bolko von Hochbergs errichtet worden, um den Schlesischen Musikfesten einen entsprechenden Rahmen zu geben. Immerhin hatten die ersten Planungen einen weit größeren Bau vorgesehen. Aber der jetzige Bau gab mit seinen Musikfesten einen nennenswerten Beitrag zum geistigen Reichtum Schlesiens.

Aber es gab ein Unglück. Die Decke stürzte ein. Nach dem erfolgreich abgeschlossenen Wiederaufbau konnte das Bauwerk am 27. Oktober 1910 festlich durch das Philharmonische Orchester Berlin unter Leitung von Generalmusikdirektor Karl Muck eingeweiht werden. Die Stadthalle Görlitz aber diente seit der Eröffnung 1910 bis zur Schließung 2004 zahlreichen unterschiedlichen kulturellen Veranstaltungen, darunter Konzerte, Sportereignisse und

Messen.

Görlitz hatte beim Bau der Stadthalle bereits die 83.500 Grenze an Einwohnern überschritten. Die damaligen Stadträte hatten im Gegensatz zu den heutigen, alles getan, die wachsenden kulturellen Bedürfnisse ihrer Bürger zufriedenzustellen. Mit dieser Entwicklung eilte Görlitz der Ruf voraus, eine Musikstadt zu sein. Die «Schlesischen Musikfeste», sahen Bolko Graf von Hochberg als Protektor, der ja auch einen beträchtlichen Teil seines Vermögens für den Bau der neuen Stadthalle eingesetzt hatte. Sein Verdienst war es, dass die Görlitzer über fast 130 Jahre hinweg die «Schlesischen Musikfeste» selbst getragen haben. Große Orchester unter namhaften Dirigenten als auch traditionelle

Sinfoniekonzerte mit dem städtischen Orchester sorgten für höchste Qualität. Weltberühmte Chöre, wie, der Dresdener Kreuzchor, gaben in der Stadthalle ihre stets ausverkauften Konzerte.

Es ist müßig, die großen Genies alle aufzuzählen, die der Stadthalle Leben einhauchten. Wichtig wurde nach der Wende die Wiederbelebung der Schlesischen Musikfeste in einer zeitgemäßen Gestaltung – das Lebenswerk des Grafen von Hochberg. Leider wurden sie immer seltener in der Stadthalle aufgeführt.

Die Görlitzer und ihre Gäste empfanden es als Würde, diese festlichen Konzerte zu besuchen.

In der Zeit der Mangelwirtschaft wurde mit der Stadthalle allerdings Raubbau betrieben. Notwendige Instandhaltungsmaßnahmen und Instandsetzungen wurden auf Sparflamme gesetzt oder gar nicht ausgeführt. Aber auch nach der politischen Wende wurde in diesem Trott weiter gefummelt. Anders kann man den Zustand der Stadthalle nicht beschreiben. Es wurde gefummelt und die Fummelei wurde von Dilettanten angeordnet und durchgesetzt.

27. Schlesisches Musikfest 15. Juni 1996
Festkonzert
Konzert für Orgel und Orchester in g-Moll
Dirigent: Christof Escher   **Solist**: Reinhard Seeliger

Episode 2 »Der Chordirektor und sein Fan«

»Miloš, mir brummt der Schädel!«, krächzte ich und sah den Chordirektor vorwurfsvoll an. Immerhin, er war mit seinem Sliwowitz an meinem Brummschädel schuld.,
Aus Prag hatte er ihn, aus Anlass des 27. Schlesischen Musikfestes, mitgebracht, einen originalen Zwetschgenbrand und kräftig war er, um nicht zu sagen stark. Die Flasche hatte wir am Vorabend mit Freunden im Club geleert und das war eine große Flasche.
Krejčí grinste und gab mir eine Tablette, die er aus einer seiner unergründlichen Taschen fischte. Dann zerrte er mich in seine Garderobe und gab mir ein Glas Wasser zum Nachspülen. Misstrauisch beäugte ich die Tablette mit der fremden Aufschrift. Krejčí erkannte das Misstrauen in meinem Blick und bemerkte lakonisch: »Den Sliwowitz hast du ja auch getrunken nun nimm auch das Gegenmittel, es schadet nicht!«

Ich musste ihn wegen dieser Bemerkung so ziemlich blöd angeschaut haben.

»Gift und Gegengift? Willst du mich beizeiten unter die Erde bringen?«

»Rede nicht so einen Quatsch, sondern schluck die Tablette und dann mach dich auf deinen Platz! Der Escher ist schon auf dem Wege zum Pult!«

Die Tablette rutschte mit einem Schluck Wasser hinunter. Ich nahm das Programmheft und verschwand auf den Rang, um meinen Platz einzunehmen.

»Konzert für Orchester von Edmund von Borck«, las ich im Gehen. Gleich nach der Pause noch ein »Konzert für Orgel und Orchester in g-Moll von Josef Gabriel Rheinberger«. Die Namen beider Komponisten sagten mir nichts, jedenfalls nicht in diesem Moment. Doch dann fiel mir wieder ein, was Christof Escher gestern Abend im Theaterclub über den Komponisten von Borck erzählte.

Die Tablette begann zu wirken, der Kopfschmerz ließ merklich nach. »Edmund von Borck wurde als einer der hoffnungsvollsten Komponisten seiner Generation in Europa angesehen. Ab 1936 erschienen seine Werke bei der Universal Edition in Wien. Borck wurde 1940 zum Heeresdienst einberufen, er fiel im Zuge der alliierten Invasion während der «Operation Shingle» bei Nettuno. Sein Grab befindet sich auf dem deutschen Soldatenfriedhof in Pomezia«.

Meinen Platz erreichte ich noch rechtzeitig.

Das Licht verlosch langsam und nur Orchester und die Orgel waren erleuchtet Nun war es im Juni noch ziemlich hell und durch die hohen Fenster fiel mystisches Licht in die große Halle und ließ sie wie eine Basilika erscheinen.

Beeindruckend.

Das Philharmonische Orchester begann unter der Stabführung von Christof Escher exakt und eindrucksvoll zu musizieren. Da stellten sich schon die kleinen Härchen auf den Armen aufrecht, vor allen Dingen, als Reinhard Seeliger die Konzertorgel fulminant zum Klingen brachte. Dieses Konzert für Orgel und Orchester in g-Moll von Rheinberger war einfach nur schön, eigentlich viel zu kurz. Als die Kesselpauken, gespielt von Ana David, den Schluss eintrommelten, die gewaltigen Akkorde der

Sauerorgel mit dem des Orchesters verschmolzen, hatte die Seele bereits reichlich aufgetankt.

Das Licht ging an – Pause.

Noch benommen vom Erlebten wandelte ich zum kleinen Saal, um etwas zu trinken. Die darunterliegende Gaststätte hatte sich alle Mühe gegeben, ein kleines Bankett auszurichten. Aber da wollte ich ja nicht hin. Das war doch für besondere Gäste des 27. Musikfestes eingerichtet worden. An der Bar in den Wandelgängen ergatterte ich ein großes Glas Mineralwasser.

Verwundert sah ich die vielen Menschen in festlicher Robe der Seite zustreben, bis ich begriff, dass das die Chorsänger waren, die zur Bühne eilten.

Im Programm las ich dann:

Ein großer Festchor, bestehend aus der Schola Cantorum Posnaniensis aus Posen und Oppeln, dem Chor der Stadt Wiesbaden, dem Bachchor Görlitz, dem Chor der Lutherkirche Görlitz, dem Domchor Görlitz und dem Theater- und Extrachor des Theaters, sie gestalteten das «Te Deum» von Anton Bruckner. Dazu namhafte Solisten aus Dresden, Neuseeland und Görlitz, das versprach ein gewaltiges Klangpotenzial in der altehrwürdigen Musikhalle zu werden.

Ich war gespannt wie ein alter Flitzebogen.

Miloš Krejčí und Karl Jonkisch winkten mir zu, den Schluss bildete Reinhard Seeliger, der den beiden Herren nacheilte. Das waren die Chorleiter, die neben Erich Wilke und Wolfgang Rodi aus Wiesbaden, für ihre Chöre verantwortlich waren.

Karl Jonkisch hatte mich schon seit Tagen auf das große Festkonzert eingestimmt. Seit Wochen redete er nur von seinem «Te Deum» in der Stadthalle und immer, wenn wir uns in unserem Treppenhaus trafen, war das ein Thema.

Als ich zu meinem Platz ging, stimmte sich das Orchester bereits ein. Der Chefdirigent der Philharmonie, der Schweizer Christof Escher betrat das Pult.

Leise und zart schwebten die ersten Töne des «Te Deum» Bruckners durch die Stadthalle. Die hervorragende Akustik des großen Saales ließ die Stimmen der Soprane und Tenöre des gewaltigen Chores perlen, verständlich für die Zuhörer, in jeden Winkel der voll besetzten Halle. Dann setzte das große Orchester in seiner Gesamtheit ein. Gefühlvoll von Escher geführt, dröhnten die Kesselpauken des Schlagwerkes, unterstützt von den Bläsern des Orchesters, zum Einsatz der Solisten.

Das ist ein Klangerlebnis, von dem die Zuschauer noch viele Jahre schwärmen werden.

Bruckner selbst bezeichnet sein «Te Deum als Stolz meines Lebens» und er sagte: »Wenn mich der liebe Gott einst zu sich ruft und fragt: ‚Wo hast du die Talente, die ich dir gegeben habe?‘, dann halte ich ihm die Notenrolle mit meinem «Te Deum» hin, und er wird mir ein gnädiger Richter sein.«

Dem ist, nach dem Genuss dieses Konzertes, nichts Anderes hinzuzufügen.

Epilog zur Episode 2

Nur der GMD Eckehard Stier erreichte das noch mit seinen Konzerten und der „Neuen Lausitzer Philharmonie in unserer Stadthalle. Vielleicht schaffen es GMDin Ewa Strusińska und die Neue Lausitzer Philharmonie zur 950-Jahrfeier von Görlitz, ein derartiges Eröffnungskonzert in unserer Stadthalle zu spielen. Den Görlitzern wäre es zu wünschen.

Es bleibt aber noch bei einem Wunschtraum!

Der »Schwarze Freitag« (31.12.2004)

Ein rabenschwarzer Tag für Görlitz!

Der Betrieb der Stadthalle wird eingestellt!

Auf Betreiben des damaligen Finanzbürgermeisters, der gleichzeitig auch Vorsitzender des Aufsichtsrates der Stadthalle war, fasste Letzterer am 23. November 2003 den Beschluss, die Stadthalle Ende 2004 zur Kosteneinsparung zu schließen.

Der Stadtrat folgte dem in seiner Sitzung am 29. Januar 2004 einstimmig, mit einer Enthaltung.

Der langjährige Technische Leiter der Stadthalle beschreibt die unter seiner Regie vergangenen Jahre in einem Beitrag vom 11.Juli 2015 im Niederschlesischen Kurier sehr plastisch. Missmanagement, falsch eingesetzte oder fehlende Finanzausgleiche brachten das Haus in eine finanzielle Schieflage, nicht die eigentlichen Betriebskosten.

Aber man hatte den „Schwarzen Peter" gefunden, dem man die Schuld zuschieben konnte.
Es war die «Görlitztourismus und Marketinggesellschaft mbH», welche die Stadthalle damals betrieb.
Aber war sie es wirklich?
Und wieder wurde der Souverän nicht befragt. Die Passagen des Grundgesetzes und des Bürgerlichen Gesetzbuches zu »Eigentum verpflichtet« wurden grob missachtet. Als die Proteste in der Bevölkerung übermächtig wurden, gab es eine Podiumsdiskussion, in welcher der damalige Finanzbürgermeister versprach, die Stadthalle für 21 Millionen bis zum Jahre 2007 zu sanieren.
Doch das war ein Flop, wie sich später herausstellte
Pikant ist dabei auch, dass die Stadthalle als größte Kultureinrichtung geschlossen wurde, als sich Görlitz um den Titel „Kulturhauptstadt 2010" bewarb. Strategisch eigentlich unvorstellbar, denn Görlitz bewarb sich in diesem Zeitraum um den Titel »Kulturhaptstadt«, aber ohne ihre Stadtalle?

Im Jahr 2003 war der finanzielle Zuschuss für die Stadthalle schon um 120 000 Euro und das Personal von 31 Mitarbeitern, im Jahr 1990, auf 21 Mitarbeiter gekürzt. Finanziert und betrieben wurden damit noch die Stadthalle, die Görlitzinformation, das Stadtmarketing als eine Gesellschaft (Görlitztourismus und Marketinggesellschaft mbH) und zusätzliche defizitäre Veranstaltungen wie das Altstadtfest. Das Stadthallenrestaurant, das deutsch-polnische Kulturbüro und die Jugendherberge waren zu diesem Zeitpunkt bereits geschlossen oder ausgegliedert.
Nur fünf Jahre nach der politischen Wende schließt ein Traditionshaus unter fadenscheinigen betriebswirtschaftlichen Begründungen seine Pforten. Mit der Schließung verblich der Mythos «Stadthalle», zumindest bei der jüngeren Generation. Mit der Schließung verblich auch der Titel «Musikstadt» Görlitz. In blindem Optimismus wurde dem damaligen Finanzbürgermeister Neumer vertraut, der ja gleichzeitig Aufsichtsratvorsitzender war, die Stadthalle aus betriebswirtschaftlichen Gründen zu schließen.
Auf einmal wurden auch bauliche Mängel in den Mittelpunkt der

Diskussion gestellt. Der Veranstaltungsdurchschnitt lag in diesem Zeitraum bei 164 pro Jahr. Bei dem erforderlichen manuellen Aufwand für Saalumbauten, Reinigung, technische Wartung und Betreuung des gesamten Außengeländes und teilweise des Gebäudes der Stadthalle, Umzug der Görlitzinformation und personelle Leistungen für das Kulturhauptstadtbüro, waren die Grenzen des noch Machbaren erreicht.

Mit dem Konzert des „Wiener Johann-Strauß-Orchesters" fand am 28. Dezember 2004, nach 94 Jahren der Nutzung, die bisher letzte, offizielle Veranstaltung in der Stadthalle Görlitz statt. Für die noch 8 Mitarbeiter war danach Schluss. Die sogenannte „Auftakt- Veranstaltung" am 16. Januar 2005, als Willensbekundung der Stadtratsfraktionen für eine Wiedereröffnung und andere kommen nicht in Betracht.

Wider besseren Wissens erklärte der damalige Finanzbürgermeister während einer öffentlichen Veranstaltung im „Treffpunkt Gleis 1", im Görlitzer Bahnhof, dass die Stadthalle zum 31. Dezember 2004 geschlossen wird und spätestens Anfang 2007 vollständig rekonstruiert mit rund 3000 Sitzplätzen wieder öffnet. Die Aussage ist illusorisch und populistisch!

Zu diesem Zeitpunkt gab es weder eine schlüssige Bauplanung, noch die dafür notwendigen finanziellen Mittel, noch einen Grundsatzbeschluss für die Sanierung der Halle.

Gegenüber der Öffentlichkeit bestand die Aussage, dass die Stadthalle aus baulichen und finanziellen Gründen geschlossen wurde. Beides entsprach nicht der Wahrheit. Für den Außenstehenden sah es immer so aus, dass die Mitarbeiter der Stadthalle die Schließung verursacht hätten. Dem war aber nicht so, denn sie waren Betreiber eines Hauses, das der Stadt gehört und die damit auch für den baulichen Unterhalt zuständig ist. Es gab bauliche Mängel, die damals aber nicht so gravierend waren, dass der Betrieb der Stadthalle hätte eingestellt werden müssen. Die Mitarbeiter der Stadthalle führten viele Reparaturen und Gebäudesicherungs- und -unterhaltsmaßnahmen zusätzlich zu ihrer eigentlichen Tätigkeit selbst aus. Dabei war es mitunter nur glücklichen Umständen zu verdanken, dass es zu keinen Unfällen kam. Durch die Stadt gab es Investitionen in der Gaststätte, die Orgel wurde generalüberholt, die Schmuckelemente (Putten) wurden erneuert. Für den Gebäudeunterhalt aber bestand jahrelanger Investitionsbedarf an den Dächern, an den Fenstern des Großen Saales und einiges mehr. So wurde der Große Saal letztmalig 1974/1975 komplett mit einem Farbanstrich versehen. Das heißt 30 Jahre Nutzung ohne Renovierung! Inzwischen gibt es an einigen Gebäudeteilen erhebliche Schäden, die zum Zeitpunkt der Schließung, wie bei den Stützpfeilern, noch nicht bekannt waren.

Auch die angebliche finanzielle Schieflage hatte andere Ursachen. Es gab Zuschusskürzungen, bei gleichzeitiger Übertragung zusätzlicher Aufgaben. Dazu Veranstaltungen, für die gekürzte Mieten vom Rathaus verlangt wurden, ohne dass eine Gegenrechnung der tatsächlichen Ausgaben erfolgte. Das konnte auf Dauer nicht gut gehen. Einer der damaligen Geschäftsführer hatte das erkannt und versucht, Änderungen herbei zu führen. Das Ergebnis: Er wurde gefeuert!

Die Versprechungen, die Stadthalle bis zum Jahre 2007 mit insgesamt 21 Millionen Euro zu sanieren und auf den neuesten Stand zu bringen, erwiesen sich als Luftnummer. Die Aussagen waren weder planerisch untersetzt noch finanziell gesichert.

Hier wurde der Souverän glattweg und schamlos belogen. Warum?

Ist das vielleicht auch einer der Gründe, warum rund 16.500 Bürger nach und nach Görlitz verließen? Sie zogen nicht nur der Arbeit hinterher, sondern sie vermissten den regen Kulturbetrieb, der sie eventuell zu Hause gehalten hätte.

So ganz außer Betracht sollte das nicht bleiben.

Inzwischen sind 15 Jahre ins Land gezogen, eine neue Generation ist herangewachsen, die die Stadthalle und ihre Geschichte nur noch aus den Erzählungen der älteren Generation kennt.

Die älteren Bürger und Kenner der Stadthalle dagegen verwahren sich gegen Meinungen, dass die Stadthalle aus rein nostalgischen Gründen wieder saniert werden soll. Ein jeder Mensch, der einmal in den Genuss kam, ein Konzert in der Stadthalle zu erleben, weiß, dass diese Halle ein unbezahlbares kulturelles Kleinod ist. Die einmalige Akustik ließ selbst die Großen der Musik erschauern, die in dieser Halle ihr Debüt gaben, die ihre Konzerte zu Gehör brachten. Denn bis zur

Schließung der Stadthalle fanden hier unzählige, gut besuchte Veranstaltungen der ernsten als auch der heiteren Muse statt. Sportveranstaltungen, Kongresse und Ausstellungen wechselten sich ab, für alle Veranstaltungen war ausreichend Platz vorhanden. Aber immer blieb damals der festliche Charakter der Stadthallenkonzerte gewahrt.

Das letzte große Konzert in der Stadthalle fand unter der Stabführung von Generalmusikdirektor Eckehard Stier statt.

Ohne ihre Stadthalle und die dort stattfindenden großartigen Konzerte wäre die Stadt Görlitz nie zu ihrem europaweiten Ruf als Musikstadt gekommen. Dazu schrieb der ehemalige GMD der «Neuen Lausitzer Philharmonie»

Eckehard Stier am 24.02.2015, inzwischen Chefdirigent der Auckland-Philharmonie, in einer E-Mail aus Neuseeland:

«Ja - rückblickend ist es traurig, sehr traurig. Wir haben dieses besagte Konzert vor ausverkauftem Haus gespielt (was vorher extrem selten der Fall war) - es war ein besonderes Konzert. Die nachfolgende Veranstaltung im Januar 2005 war auch von großem Optimismus, kühnen Reden und Versprechungen geprägt. Alles Schall und Rauch. Schade für Görlitz, schade für die Kultur und schade für die Neue Lausitzer Philharmonie».

Zur näheren Erklärung:

Mit der nachfolgenden Veranstaltung war ein Konzert der Neuen Lausitzer Philharmonie und des Orchesters des Theaters aus Jelina Gora »Die Leningrader Symphonie« von D. Schostakowitsch gemeint, die nun ersatzweise, unter der Stabführung von GMD Eckehard Stier, in der Fertigungshalle von Bombardier gespielt wurde. Jetzt fiel das abgerissene «Wilhelmtheater» den Kulturschaffenden so richtig auf die Füße. Die Leningrader Symphonie zwischen halbfertigen Waggons gespielt, war eigentlich eine Zumutung für die Konzertliebhaber. Aber es war eine hervorragende Leistung aller Musiker. die nur dadurch getrübt wurde, weil das in der Fertigungshalle geminderte Klangerlebnis die Hörqualität dieser Symphonie minderte, die eigentlich in die Stadthalle gehörte.

Resümee der Stadtpolitik

Die Schließung der Stadthalle war wieder einmal eine politische Fehlentscheidung, die bis heute offiziell nicht eingestanden wird.
Der bittere Beigeschmack:
Görlitz wirbt inzwischen mit dem Slogan:
«Wir bauen Europas Kulturhauptstadt»
Vielleicht auch mit dem Geld, welches die Stadthalle bisher als Betriebskostenzuschuss erhielt?
Die Stadthalle mit ihrer Tradition der Schlesischen Musikfeste spielte in der Bewerbung um den Titel überhaupt keine Rolle – sie war schon abgeschrieben!
Aber das ist eine Behauptung ... oder?
Ein Schelm, wer Böses dabei denkt!
Kaum war die Stadthalle geschlossen, die letzte Gala zu ihrer schnellen Wiedereröffnung im Januar 2005 Geschichte, da wurde ihr Erbe verscherbelt. Die Stadt versteigerte das Inventar der Stadthalle. Schließlich war man sich ja sicher, dass bei einer Widereröffnung nach einer Sanierung alles neu beschafft werden sollte und müsste. Damals stand auch der symbolhafte Rettungsring für die Görlitzer Stadthalle zum Verkauf, einst gestiftet als Maskottchen und Symbol für die Errettung der Stadthalle. Er fand einen neuen Besitzer, die Stadthalleaber nicht.
Aber bis heute ruht ja der Bau.
Inzwischen ist bei einigen Personen, die der Schließung damals zugestimmt haben, die Erkenntnis gereift, dass dieser Vorgang ein Fehler war. Die Mutigen unter ihnen geben das auch öffentlich zu. Nach der Schließung der Stadthalle gab es Beteuerungen, dass das Gebäude gut gesichert ist und keine Schäden auftreten können. Beim Bemühen um den Verkauf der Stadthalle stand in der Baubeschreibung: «Das Gebäude befindet sich in einem guten baulichen Zustand!»
Wir erinnern uns, der schlechte bauliche Zustand war einer der genannten Schließungsgründe! Private Investoren wurden zumindest angehört, aber letztlich ignoriert. Im Übrigen hätte das Haus zu diesem Zeitpunkt, wegen der eingesetzten Fördermittel, nicht so ohne weiteres verkauft werden können.
In einem Schreiben des Regierungspräsidiums Dresden vom

25. März 2002 ist festgelegt, dass die Stadthalle Görlitz bis **zum 31. Dezember 2017** für kulturelle Zwecke zu nutzen ist und ohne Zustimmung des Regierungspräsidiums Dresden weder veräußert noch anderweitig genutzt werden darf. Bleibt abzuwarten, welcher Weg nach diesem Datum eingeschlagen wird.

Kulturhauptstadt Europas 2010
»Empfehlungen der Jury«:

«Die Jury hat sich mit großer Mehrheit für zwei Städte in der Bewerbung um den Titel der Kulturhauptstadt Europas 2010 entschieden: Essen und Görlitz
Die Jury traf sich zu ihrer ersten Sitzung am 8. Dezember 2004 in Berlin. Hier wurde im Wesentlichen das Verfahren zur Begutachtung der zehn Bewerberstädte festgelegt. Die Jury kam dabei einstimmig zu der Entscheidung, dass nur eine gemeinsame Bereisung eine angemessene Beurteilung und Würdigung der einzelnen Kandidaturen versprach».

Die Stadt verpflichtete indessen den Theaterintendanten und Kulturmanager Peter Baumgardt. Viel beachtete mediale Aufmerksamkeit erhielt Peter Baumgardt bei dem Projekt «Wir bauen Europas Kulturhauptstadt», als er von 2003 bis 2006 künstlerischer Direktor und Geschäftsführer der Bewerbung der Europastadt Görlitz-Zgorzelec um die Ausrichtung der Vorstellung «Kulturhauptstadt Europas 2010» war.
Trotz aller Anstrengungen reichte es offenbar nicht!
Die Bewerbung wurde ebenfalls ein Flop!
Essen gewann ... und Görlitz??
Außer Spesen nichts gewesen!
Eigentlich hätte es sich die Stadt unter diesen Bedingungen nicht leisten können, in diesem Bewerbungsmarathon mitzuspielen.

Dann kam die nächste politische Fehlentscheidung.
Unter dem Vorsitz des damaligen Finanzbürgermeisters Neumer wurde im Aufsichtsrat, November 2003 der einstimmige Beschluss gefasst, dem Stadtrat die Schließung der Stadthalle aus Kostengründen zum 31.12.2004 zu empfehlen! Begründet

wurde dieser Schritt mit der finanziellen Schieflage der Görlitztourismus und Marketinggesellschaft mbH als Betreiber der Halle.

Aha! Die Stadtverwaltung hatte ja bereits den schwarzen Peter gefunden, dem sie die finanzielle Schieflage in die Schuhe schieben konnte.

Diese Mitteilung traf die Öffentlichkeit wie ein Hammer.

Keine Äußerungen zum Missmanagement, zur Misswirtschaft, zu Haushaltskürzungen, sondern erstmals ein Hinweis auf den schlechten baulichen Zustand, den außerdem die Stadt selbst verschuldet hat.

Am 29.Januar 2004 erfolgte dann der verhängnisvolle, **einstimmige** Beschluss, mit einer Stimmenthaltung, die Stadthalle zu schließen. Der Kulturbürgermeister, dem die Stadthalle eigentlich als Kulturzentrum am Herzen liegen müsste, schaute der gesamten Entwicklung ohne Protest zu, ganz im Gegenteil, er stimmte ebenfalls für die Schließung des Traditionshauses.

Was uns, dem Bürger, der ganze Spaß gekostet hat, ist nicht mit Zahlen belegt, zumindest nicht in der Öffentlichkeit, aber der angerichtete immaterielle Schaden ist enorm. Diese, bis heute nicht eingestandenen politischen Fehlentscheidungen, bekommen einen faden Beigeschmack, wenn der negative Verlauf der Kulturhauptstadtbewerbung monetär bewertet wird.

Armes Görlitz.

Die Stadt versank nach diesem erneuten Flop in die kulturelle Mittelmäßigkeit. Niemand redet mehr von der Musikstadt Görlitz! Görlitz versanklangsam aber sicher in der kulturellen Mittelmäßigkeit. Aber es sollte noch schlimmer kommen, denn damit hörten die Fehlentscheidungen des Görlitzer Stadtrates nicht auf. Sie ziehen sich wie ein roter Faden, seit der politischen Wende, durch die Entscheidungen der Stadtregierung. Bisher waren alle Verfügungen zum Projekt Stadthalle Stückwerk, die den ersthaften Willen des Stadtrates für eine schnelle Sanierung vermissen lassen – leider.

Die seltsamen Blüten zeigten sich vor allen Dingen in den vorgelegten «Gutachten», in der «Planung» und in den «politischen Entscheidungen» zur Stadthalle. Immerhin stehen da jetzt etwa 2 Millionen Euro auf der Ausgabenseite, von denen

nichts, aber auch gar nichts in der Stadthalle angekommen ist und das ist noch nicht das Ende der Fahnenstange.
Vor allen Dingen sind die Leute in die Schranken zu weisen, die mit enthusiastischen Schnellschüssen ein sogenanntes Ansinnen auf den Tisch legen und die Stadthalle mit drei Leuten bewirtschaften und betreiben wollen! Was für ein Unfug!
Seltsame Blüten zeigten sich auch im nächsten Beispiel, wo Planung und Ausführung schon im Vorfeld der Ausführung der fachlichen Kontrolle entglitten.

Das Görlitzer Theater:

In diesem Zeitraum öffnete das Theater 2002 nach 1 ½ jähriger Bauzeit von Grund auf saniert, seine Pforten. *«Mit neuer Heizung, Fußboden und Bestuhlung, sowie einer modernen*

Beleuchtungs- und Tonloge versehen, erstrahlt der Zuschauerraum mit seinen nach **«heutigen statischen Erkenntnissen neu konstruierten Rängen*»** heute wieder im opulenten Erscheinungsbild von 1873»*, wird der Öffentlichkeit mitgeteilt.
* *(So kann man Bauplanungspfusch auch umschreiben)*
Der Bauplanungspfusch des falsch eingebauten 2. Ranges kostete dem Theater nicht nur rund 100 Sichtplätze durch die ihm nicht nur die Einnahmen entgehen, sondern bescherte ihm auch noch, durch die baulichen Veränderungen der Ränge, eine deutlich schlechtere Akustik. Wieder ein Schlag ins Gesicht der Konzertliebhaber. Ob während der Sanierung akustische Messungen vorgenommen wurden, ist nicht bekannt. Kein Protest von den Verantwortlichen aus der Bauverwaltung – es wurde einfach gebaut und von Fachleuten aus der Bauverwaltung abgenommen!!!

Bei solch sensiblen Objekten, wie Theater und Stadthalle es darstellen, sollten entsprechende Fachleute die Aufgaben der Planung und der Ausführung übernehmen.

Als festgestellt wurde, dass hier etwas nicht stimmte, versuchte die Stadt, den Architekten zu verklagen. Dieser Schuss ging nach hinten los! Alles verlief wiederum im Sande.

Warum?

Die Sanierung des Theaters aber hörte vor dem Eisernen Vorhang auf. Warum?

Wird hier die Politik der Stadthalle wiederholt? Es gibt Fragen über Fragen an die Verwaltung unserer Stadt.

Hinter dem Eisernen Vorhang im Bühnenhaus herrschen bis heute erschreckende Zustände in den sanitären Einrichtungen, Garderoben für die Künstler und der Bühnentechnik. Ganz zu schweigen von moderner Kommunikationstechnik für den Betrieb hinter dem Eisernen Vorhang. Was nützen eine «*moderne*» Beleuchtungs- und Tonloge im Zuschauerraum, wenn sie hinter dem «Eisernen» nicht wirksam umgesetzt werden können.

Eigentlich sollte doch das Bühnenhaus einmal eine Folgesanierung in einem 2. Bauabschnitt werden.

Mittlerweile sind 14 Jahre vergangen und nichts Wesentliches hat sich bisher im Bühnenhaus getan. Das Fehlen der Stadthalle machte sich bei den Konzertbesuchern schmerzhaft bemerkbar.

(Doch, es wird etwas getan ... inzwischen wird an der brandtechnischen Ertüchtigung des Bühnenhauses gearbeitet, ein Aufzug wurde eingebaut und ein neues Inspizientenpult eingefügt!?)

Die Kultur hat immer weniger Geld zur Verfügung, obwohl das Kulturraumgesetz die Festschreibung der Kultur als Pflichtaufgabe mit anteilsmäßiger Beteiligung des Freistaates mittelfristig sichert. Warum werden dann förderfähige Sanierungskosten nicht mit allem Nachdruck von der Kommune beantragt? Förderfähig sind nach dem Kulturraumgesetz vor allem Personal- und Sachkosten, Bauunterhaltungskosten und unter bestimmten Umständen, und das sind bestimmte Umstände, auch Sanierungs- und Rekonstruktionskosten.

Wenn schon das künstlerische und technische Personal der Theater auf ca. 15 % der Gage (Gehalt) zugunsten des Erhalts ihres Hauses und der Arbeitsplätze verzichtet, sollten doch wenigstens ihre Arbeits- und Lebensbedingungen auf ein erträgliches Maß gebracht werden. Aber ..., wenn gespart werden muss, setzen die Politiker den Rotstift immer am schwächsten Glied des gesellschaftlichen Lebens an, an der Kultur, darunter zuallererst an der Kunst.

Das hatte erst ein Ende, als Michael Kretschmer im Dezember 2017 Ministerpräsident in Sachsen wurde. Er sicherte, als eine der ersten, noch begrenzten Maßnahmen, den finanziellen Zuschuss, auf dass die Theater wieder nach Tarif Gagen, Gehälter und Löhne zahlen können. Viele derjenigen, die für uns Abend für Abend in Orchestergräben sitzen, auf der Bühne singen oder spielen, in Museen Ausstellungen erarbeiten, neue Kunst entwickeln oder in Archiven alte Dokumente sichern, erhalten damit endlich den Salär, der ihnen zusteht. Nach vielen Jahren Gehaltsverzicht mit einem Volumen von 20 Millionen Euro wird nun endlich wieder für die Theaterleute die Tarifzahlung möglich.

Der Ministerpräsident und der Bundestagabgeordnete Thomas Jurk sicherten außerdem, dass der Stadthalle insgesamt 36 Millionen Euro Fördergelder für die Baukosten zur Verfügung stehen. Sie sind allerdings an Bedingungen geknüpft, auf dass die Stadt ihre Hausaufgaben macht und der Staatsregierung ein machbares Betreiberkonzept für die Stadthalle vorlegt.

Aber der Privatisierungswahn des politischen Establishments unserer Stadt treibt unverhältnismäßige Blüten für ein Betreiberkonzept, welches am Ende den Niedergang der Kultur der Stadthalle vorprogrammiert. Es bezieht sich auf ein Konzept, in dem schon aus der Ergebnisrechnung deutlich wird, dass der wirtschaftliche Erfolg der Stadthalle durch die Parameter:

«Anzahl der Veranstaltungen, Anzahl der Zuschauer je Veranstaltung und Höhe des Eintrittspreises in keinem Fall erreicht wird».

Ursache ist aber, dass die Kapazitäten des Großen Saales «durch den Einbau eines Zu- und Abluftgerätes» herabgesetzt werden, und zwar um ca, 47,6%, d. h. die Platzkapazität des Großen Saales wird von 1700 auf 800 Personen reduziert. Wo sind wir denn hingekommen, dass durch den Einbau unzureichender Technik Platzkapazitäten reduziert werden müssen.

Die Revitalisierung der Jugendstilarchitektur erfolgt ebenfalls nicht vollständig. Es werden nur die vorhandenen Elemente restauriert. Es werden keine Wiederherstellungen nicht vorhandener Elemente umgesetzt. Hierdurch wird das Stilempfinden eingeschränkt. Unter Kennern und Experten wird diese Einsparung kritisch betrachtet. «Der Einzigartigkeit als Jugendstil-Stadthalle in der Gesamtschau steht diese Einsparung nicht entgegen», oder doch?

Die in den letzten Betriebsjahren gewährten Zuschüsse der Stadt (laut der Kulturstatistik der Stadt Görlitz 2004 ca. 500.000 Euro) würden nach heutiger Schätzung fast ausreichen, um das jährliche negative Ergebnis auszugleichen».

(Quelle: Drees & Sommer)

Folgeerscheinungen nach Schließung der Stadthalle.

Die Zeit ist seit der Schließung nicht stehen geblieben. Vor Ort haben sich auf privatwirtschaftlicher Ebene Anbieter, wie die Kulturbrauerei gefunden, die einige Lücken geschlossen haben. Sie haben mit der Schließung des Traditionshauses die Situation eindrucksvoll für sich genutzt. Zumindest haben sie versucht, die Lücken quantitativ zu schließen, in dem sie einige Events erfolgreich an sich gezogen haben. Aber qualitativ können sie nie mit der Stadthalle konkurrieren. Es war deshalb auch nicht verwunderlich, dass sich die Betreiber der Kulturbrauerei in der vergangenen Zeit vehement gegen eine Sanierung der Stadthalle aussprachen, und sie tun es auch jetzt noch. Schlimm ist nur, diese Leute finden bei einem Teil der Stadträte ein offenes Ohr.

In Löbau ist eine Mehrzweckhalle entstanden. Allen Lästermäulern zum Trotz wirtschaftet die Messehalle (spöttisch von den Görlitzer Politikern «Lagerhalle» genannt) mit Erfolg, dank eines versierten Managers, der sein Handwerk versteht und der auf eine enge und vertrauensvolle Zusammenarbeit mit seinem Stadtrat und dem Oberbürgermeister bauen kann.

Aber ... er hat auch eine beachtenswerte Meinung zur Görlitzer Stadthalle.

«Die Stadthalle ist auch unter Betrachtung der momentanen Angebote notwendig. Keines der bestehenden Veranstaltungshäuser kann das Flair und den Charme einer Görlitzer Stadthalle ersetzen.»

Auch in Zgorzelec ist eine große Sporthalle entstanden, die auch für ähnliche Events genutzt wird, aber es ist eben eine Sporthalle.

Und bei uns in Görlitz?

Seit 2005 finden die Konzerte der Neuen Lausitzer Philharmonie, die Weihnachtskonzerte und die Gastkonzerte á la Couleur im halb fertigen Theater statt, obwohl nur wenige Meter entfernt eine Konzerthalle steht, die ungenutzt verrottet.

Welch eine betriebswirtschaftliche Albernheit leistet sich hier eine Kommune!!

An nur einem Beispiel soll, das erläutert werden.

Im Dezember 2013 wurde das bei den Görlitzern und ihren Gästen beliebte Weihnachtskonzert im Theater der Stadt Görlitz 14-mal zur Aufführung gebracht, darunter stehen 6 Doppelvorstellungen zu Buche. Wohlgemerkt, nur im Hause Görlitz! Und dann reisen die Künstler noch ins kulturelle Umland, um dort in verschiedenen Orten das Weihnachtskonzert aufzuführen.

Man sollte sich das auf der Zunge zergehen lassen!!!

14-Mal Betriebskosten für das Haus, wie Heizung, Strom ...

14-Mal Gästegagen ...

14-Mal mentale Belastungen des technischen und künstlerischen Personals.

Erreicht worden sind geschätzte 7.000 Zuschauer aus Görlitz und Umgebung, eine totale Auslastung der Sitzkapazität vorausgesetzt. Abgesehen von den mentalen und körperlichen Belastungen der Künstler, der Mitglieder des Orchesters, der Techniker und anderer Mitwirkender, sind die Kosten mindestens doppelt, wenn nicht gar dreifach so hoch, wenn sie denn bezahlt werden müssten! Diese Entwicklung setzt sich aufgrund der Nachfrage Jahr für Jahr steigend fort.

In der Stadthalle wäre z. B. eine Vorstellung für ein Weihnachtskonzert anstatt drei im Theater nötig. Der Einspareffekt rechnet sich, wenn man die Gagen der Mitwirkenden (Gäste) und die Betriebskosten des Theaters berechnet und sie ins Verhältnis zum Betrieb in der Stadthalle setzt. Wobei ein Verhältnis von 1:3 noch geschmeichelt ist. Es ist wahrscheinlich höher!

Die Stadthalle könnte mit drei Vorstellungen bei voller Auslastung 8.100 Menschen erreichen! Damit wäre auch den Menschen gedient, die aus den genannten Kapazitätsgründen keine Plätze zum Weihnachtskonzert im Theater bekommen haben und das sind nicht Wenige.

Außerdem ... die künstlerischen Möglichkeiten des Regisseurs für ein Weihnachtskonzert, um bei diesem Beispiel zu bleiben, wären in der Stadthalle um ein Vielfaches besser. Die Stadthalle verfügt über eine europaweit einzigartige Konzertorgel der Firma Sauer. Es gehört wohl nicht viel Fantasie dazu, sich die festliche Atmosphäre eines Weihnachtskonzertes vorzustellen, in dem Orchester, Chor, Orgel, ein beeindruckendes Bühnenbild und die Gastronomie fulminant miteinander harmonieren. Jedes Weihnachtskonzert in der Stadthalle könnte damit zu einem bleibenden Erlebnis für den Besucher werden, ein emotionaler Höhepunkt im Leben von Familien und Freunden.

Das Theater könnte entlastet werden und sich seinen eigentlichen Aufgaben zuwenden, nämlich hochwertiges Theater zu machen. Die Synergieeffekte für das Umland, die sich aus der künstlerischen Aufwertung der Weihnachtskonzerte ergeben, sind dabei noch nicht einmal betrachtet worden. Zugegeben, das ist noch keine seriöse betriebswirtschaftliche Berechnung. Dazu fehlt der Einblick in die tatsächliche Betriebswirtschaft des Theaters. Aber es lohnt sich wirklich, ernsthafte Berechnungen anzustellen und sie auf alle Bereiche, die einen wirtschaftlichen Betrieb der Stadthalle umfassen, anzuwenden.

Und es sollte endlich damit aufgehört werden, populistische Ängste unter den Theaterleuten zu verbreiten, der Betrieb der Stadthalle würde ihnen zustehende Gelder entziehen, die in Form von Zuschüssen in die Stadthalle fließen würden. Das ist wirklich

blanker Populismus! Das beweisen die nachfolgenden Berechnungen.
An dem einen Beispiel des Weihnachtskonzerts 2013 sollte das eigentlich vernünftig dargestellt sein. Und es gibt noch wesentlich mehr positive Beispiele im Chor- und Konzertwesen, die in der Stadthalle verwirklicht werden können.

Eine Vision für die Görlitzer Region:

«In deutschen Schauspieler-, Sänger- und Musikerkreisen gilt Österreich als ein «Sommerparadies». Nirgendwo in Europa gibt es in den Sommermonaten so viele Veranstaltungen und damit Engagements. Tatsächlich hat sich die Alpenrepublik in den letzten 25 Jahren zu einem Eldorado in puncto Kulturevents entwickelt. Zwar fließen einige Millionen Subventionsgelder in eine Vielzahl von Veranstaltungen, gleichzeitig aber haben sich diese Investitionen mehr als bewährt, tragen sie doch mit dazu bei, dass ganze kulturinteressierte Touristenströme Hotellerie, Gastronomie und Gewerbe beleben. Nach Schätzung der Wirtschaftskammer Österreichs sind bereits »mehr als ein Viertel des heimischen Tourismus ein reiner Kulturtourismus«. Festwochen, Sommerfestspiele beleben totgesagte Regionen und zählen dort oft schon zu den wichtigen Einkommensquellen. Die Festspiele sind somit ein wichtiger Wirtschaftsfaktor geworden. Nicht nur das:
»Kultur wird auch als identitäts- und sinnstiftend von den Bewohnern erlebt. Sie wird oft eingesetzt, um ganze Gebiete (neu) aufzuwerten«.[1]
Summa Summarum sind es fast zwei Millionen Zuschauer, die beim österreichischen Kultursommer gezählt werden. Darunter ein hoher Anteil ausländischer Gäste. Eine gesamtösterreichische Studie über den wirtschaftlichen Nutzen existiert noch nicht. Eine Untersuchung der Salzburger Fachhochschule konnte nun nachweisen, dass allein die Salzburger Festspiele dem Mozart-Land wirtschaftliche Effekte[2] in der Höhe von 276 Millionen Euro bescheren. Die Subventionen der öffentlichen Hand in der Höhe von 13,5 Millionen Euro (bei einem Budget von 51,7 Millionen) sowie Sponsorgelder in der Höhe von 14,1 Millionen Euro machen

sich da als eine mehr als rentable Investition in Kultur und Wirtschaft bemerkbar. Hochgerechnet auf ganz Österreich dürfte der wirtschaftliche Nutzen des Festspielsommers bei einer Milliarde Euro liegen.

[1]Zitat aus: Kultur als Wirtschaftsfaktor in Österreich – Festspiele bringen wirtschaftlichen Nutzen. «Aktuell-Montag 12. August 2013 Österreich»
[2]Wirtschaftliche Effekte sind gleichzusetzen mit der deutschen Bezeichnung Umwegrentabilität.

Daraus folgernd.
Warum sollten also der Landkreis, die Stadt Görlitz/Zgorzelec und die Stadt Zittau nicht ein ebensolches Sommer- und Winterparadies werden, wie es die Österreicher machen? Alle geopolitischen Voraussetzungen dafür liegen doch auf der Hand. Die Stadthalle im Verbund mit den Theatern bietet sich an. Gesellschaftliches Engagement und Kultur schließen einander nicht aus. Das Urlauberparadies Zittauer Gebirge mit der Waldbühne, der «Berzdorfer See», das mittelalterliche Flair der Städte Görlitz und Zittau, die Messehalle in Löbau, der Olbersdorfer See und die Nähe zu anderen Urlaubszentren bei unseren Nachbarn, all das kann, miteinander verbunden, den kulturellen Aufschwung im Dreiländereck bewirken. Das ist der Brunnen, aus dem man schöpfen kann. Das ist echte Europapolitik.
Es muss politisch nur gewollt und angefasst werden. Die von vielen Politikern geschmähte Umwegrentabilität wird beweisen, was dadurch in die kommunalen Kassen gespült wird.
Aber dafür muss man etwas tun.
Wirtschaft und Kunst schließen einander nicht aus, im Gegenteil die Kunst befruchtet die Wirtschaft in ihrer Standortwahl.
Die Städte Görlitz und Zgorzelec gemeinsam verfügen heute, ohne das Umland, weit über 82.000 Einwohner. Das ist doch ein Pfund, mit dem man wuchern kann. Es ist doch genau die Einwohnerzahl, als die Stadthalle für die Görlitzer erbaut wurde.
Der Bürgermeister des polnischen Stadtteils unserer Stadt bringt es auf den Punkt:
»Die Sanierung der Stadthalle an der Neiße zum Veranstaltungs- und Kongresszentrum bildet eine Riesenchance für den Fremdenverkehr, aber auch eine Nagelprobe für die Glaubwürdigkeit der Europastadt Görlitz/Zgorzelec. Die Risiken

werden minimiert und die Chancen gesteigert, wenn der polnische und deutsche Stadtteil bei der Sanierung, der Betreibung und der Vermarktung der Stadthalle zusammenarbeiten. Nur so kann die Stadthalle endlich gerettet werden und mit ihr hoffentlich auch die Schlesischen Musikfeste, für die sie einst gebaut wurde«
(Zitat aus dem Interwiew mit Bürgermeister Rafał Gronicz in »SCHLESIEN HEUTE 5/2013)

Von der Görlitzer Seite kam daraufhin ein völlig unüberlegtes und untaugliches Gegenargument ihres Oberbürgermeisters:
»Wir haben in Görlitz keine 100.000 Leute mehr und wir leben auch nicht mehr im Jahr 1910!«
Die ausgestreckte Hand unseres Nachbarn wird geflissentlich übersehen.
Kurzsichtiger kann man die Lage doch nicht beurteilen!

Die Lösung des Problems war dennoch schon einmal greifbar nahe, als der Stadthallen-Fan und ehemalige sächsische Wirtschaftsminister Kajo Schommer 38 Millionen Fördermittel für die Sanierung in Aussicht stellte. Allein die Stadtverwaltung und ihr Rat vermochten nicht, die Eigenmittel im Haushalt darzustellen. Die Schließung und die zögerliche Haltung bei der in Aussicht gestellten Förderung erwiesen sich danach als tödlich für die Stadthalle.
Und noch eine Möglichkeit bot sich an.
Der Ministerpräsident des Freistaates hatte anlässlich eines Besuches in Görlitz die Hand ausgestreckt, um der Stadt bei der Lösung des Problems Stadthalle zu helfen ...
Wo gibt es denn das noch einmal?
Keine Reaktion seitens der Stadt auf dieses Angebot.
Wenn Stanislaw Tillich in seiner Amtszeit die Worte »Görlitz« und »Stadthalle« hörte, drehte er sich um und verließ gesenkten Hauptes den Raum.
Aber die Selbstherrlichkeit der Verwaltung und die Ignoranz des Görlitzer Stadtrates treiben immer seltsamere Blüten.
Konrad Adenauer prägte 1956 einen passenden Leitsatz, der die nachfolgende Situation treffender nicht beschreiben kann.

»Wir leben alle unter dem gleichen Himmel, aber wir haben nicht alle den gleichen Horizont!«
Dieser Horizont ist der Stadtrand von Görlitz. Darüber hinaus zu schauen, fällt unserer Stadtregierung äußerst schwer.

Die Rückgabe von 25 Millionen Euro Fördermittel für die Stadthalle und der Sanierungsstopp wird durch den OB mit einer, für die Öffentlichkeit schwachen Begründungen ausgesprochen und durchgedrückt. Für die Bürger war diese Begründung nicht nachvollziehbar. Die Rückgabe der Fördermittel ist nach Meinung von Fachleuten nicht gerechtfertigt, hieß es. Es gibt aber auch Meinungen, der OB habe richtig entschieden.
Dann stellt sich beim Betrachter sofort die Frage:
»Wieso reichten die 2 Millionen Steuergelder, die für die «Planungs- und Gutachterkosten» bereits geflossen sind, nicht aus, dem Stadtrat ein fertiges Projekt vorzulegen?
Gab es überhaupt ein Projekt, welches dem OB die Möglichkeit zu einer positiven Entscheidung in die Hand gab, die Sanierung der Stadthalle zu starten oder gab es tatsächlich «nur» Gutachten?«
Wiederholt die Stadtregierung mit der Stadthalle die Farce des «BER»? Wir warten ja auch schon fast 15 Jahre auf die Wiedereröffnung.
Auf diese Fragen gab es nie eine Antwort.
Die Entscheidung war damit halbherzig getroffen und obendrein noch ungeschickt interpretiert. Es wurde der Öffentlichkeit suggeriert, man habe Schaden von der Stadt abgewendet.
Welchen Schaden bitte?
Natürlich, es hätte einiger längerfristiger Anstrengungen bedurft, die Termine der ausgereichten Finanzierung mit Hilfe des Freistaates anders einzuordnen und dazustellen, die Möglichkeiten waren da! Aber die ausgestreckte Hand des Freistaates, die hätte Hilfe bringen können, wurde ignoriert und zeitlich nicht in Anspruch genommen. Die Möglichkeiten einer Umstrukturierung der Fördermittel wurden bewusst nicht genutzt. Jetzt muss die Stadt als Eigentümer der Stadthalle aus eigener Kraft dafür Sorge tragen, dass die Sanierung schnell vorankommt und dass die über Jahrzehnte zugelassenen Versäumnisse an der

Bausubstanz aufgearbeitet werden. Wie sie das, nach all den Querelen einordnet und finanziell absichert sei dahingestellt. Chancen hatte der Stadtrat ausreichend, die Finanzierung der Sanierung in Fluss zu bringen, diese Chancen hat er mehrfach vertan!

Zurück zur Reminiszens:
Visionen zum Betrieb der Stadthalle gab es bereits gleich nach der politischen Wende.

EUROPERA

1991 gründete Reinhard Seehafer zusammen mit dem Intendanten des Görlitzer Musiktheaters Wolf-Dieter Ludwig (1928–2007) das länderübergreifende Kulturprojekt EUROPERA, dessen musikalischer Leiter und Chefdirigent er bis 1998 war. Im selben Jahr gründete er die **Europa Philharmonie**, deren Chefdirigent er ist. Diese Idee eines europäischen Orchesters wurde 1996 in **Görlitz** nach dem Wegfall trennender Grenzen in Europa durch den Intendanten Wolf-Dieter Ludwig und den Chefdirigenten Reinhard Seehafer unter dem Namen Junge Europera Philharmonie ins Leben gerufen und später ab 1998 als Europa Philharmonie durch die Zusammenarbeit mit dem Intendanten Ferry Tomaszyk bei weltweiten Gastspielen als Botschafter der Bundesrepublik Deutschland untermauert. Sein Gründungskonzert gab das Orchester 1996 mit einer europaweiten **3sat**-Live-

Übertragung aus der **Görlitzer Peterskirche** mit Gustav Mahlers „Auferstehungssinfonie" unter Leitung von Chefdirigent Reinhard Seehafer in Zusammenarbeit mit der Stiftung Kreisau/Krzyzowa für Europäische Verständigung. Die Bedeutung der Europa Philharmonie für ein tolerantes vereintes Europa spiegelte sich auch in den Schirmherrschaften des deutschen und polnischen Staatspräsidenten und des Präsidenten des Deutschen Bundestages sowie der Arbeit des Kuratoriums „Unteilbares Europa" wider, denen Persönlichkeiten, wie zum Beispiel der verstorbene **Kurt Masur**, die verstorbene **Leah Rabin**, Bundesaußenminister a.D. **Hans-Dietrich Genscher** und **Dieter Stolte** angehören.

Die Europa Philharmonie ist inzwischen ein **europäisches Sinfonieorchester** mit Hauptsitz in **Magdeburg** geworden. Die ursprünglich als Jugendorchester gegründete Philharmonie, mit Sitz in der Stadthalle, ist heute ein **internationaler** Klangkörper, der sich aus Mitgliedern führender deutscher und europäischer Konzert- und Theaterorchester zusammensetzt, die als junge Musikstudenten diesen Klangkörper begleitet und geformt haben. Träger des internationalen Klangkörpers ist der Förderverein der Europa Philharmonie. Gründer und **Chefdirigent** ist **Reinhard Seehafer**. Beraten wird das Orchester vom Künstlerischen Beirat, der aus Mitgliedern der Europa Philharmonie besteht, die ehrenamtlich als Repräsentanten ihrer Länder arbeiten und die Europa Philharmonie als Botschafter mit ihren spezifischen nationalen Erfahrungen unterstützen.

Das im Zusammenhang mit der Europera gegründete Jugendorchester «Europera Youth Orchestra», mit Sitz in Zittau, wurde aus Kostengründen abgewickelt, obwohl vernünftig begründete Bestrebungen des Theaters Zittau bestanden, das Orchester unter sein Dach zu holen, um es vor der Abwicklung zu retten.

Der von uns allen verehrte Bundespräsident a.D. Richard von Weizsäcker formulierte es einmal sehr treffend, wie er die Kulturfinanzierung sieht:

»Kultur kostet Geld. Sie kostet Geld vor allem deshalb, weil der Zugang zu ihr nicht in erster Linie durch einen privat gefüllten Geldbeutel bestimmt sein darf. (...)

Substanziell hat die Förderung von Kulturellem nicht weniger eine Pflichtaufgabe des öffentlichen Haushalts zu sein als zum Beispiel der Straßenbau, die öffentliche Sicherheit oder die Finanzierung der Gehälter im öffentlichen Dienst. Es ist grotesk, dass wir die Ausgaben im kulturellen Bereich «Subventionen» nennen, während kein Mensch auf die Idee käme, die Ausgaben für ein Bahnhofsgebäude oder einen Spielplatz als Subventionen zu bezeichnen. Der Ausdruck lenkt uns in eine falsche Richtung. Denn Kultur ist kein Luxus, den wir uns entweder leisten oder nach Belieben auch streichen können, sondern der geistige Boden, der unsere innere Überlebensfähigkeit sichert!«

Aufgaben einer eventuellen Strukturreform im Landkreis

Der Wegzug der Jungen, der Gebildeten, der Mobilitätsbereiten, der Frauen schafft erhebliche Lücken bei der Regeneration von Funktionseliten und unterminiert die demokratische Strukturen in bereits besorgniserregendem Ausmaß.

Ursache der Mobilität sind interessanterweise weniger harte Faktoren wie Arbeitsplätze, Wohnraumversorgung oder Sozialversorgung. Ursache der einseitigen Mobilität vom ländlichen und mittelstädtischen Bereich in die Ballungsräume sind vor allem Vorstellungswelten.

Diese mentalen Prozesse gilt es näher in den Blick zu nehmen. Die hier interessierende Frage ist, welche Art von Kunst und Kultur die Vorstellungswelten zugunsten des ländlichen Raumes – der ja faktisch städtisch geprägt ist – umprägen kann.

Und nicht zuletzt wäre zu fragen, durch welche Regelungen die organisatorische und künstlerische Erneuerung der Kultureinrichtungen begünstigt werden kann?

Matthias Theodor Vogt, Professor für Kulturpolitik und Kulturgeschichte an der Hochschule Zittau/Görlitz, hat bereits im Mai 2014 in einer wertvollen Studie, darauf eine fundierte und eindeutige Antwort gegeben, die diesem Skript zugrunde liegen.

Und zu allerletzt, welche Vorgaben oder welche Hilfsleistungen des Freistaates sind sinnvoll, um auch mit den Mitteln der Kulturpolitik die Reaktionsfähigkeit und die selbsttätige Erneuerung der Kommunen zu unterstützen? Die nachfolgende Arbeit könnte darauf eine Antwort geben.

Vereinigte Bühnen Görlitz-Zittau

EUROPERA

Assoziationen zur Wirtschaftlichkeit eines Bühnenverbundes

Das Ziel

Die neue Mitte Europas

EUROPERA

GörlitZgorzelec

Der Stadthallengarten, die Stadthalle, der Dom Kultury,
das Jakob-Böhme-Denkmal, der 15.Meridianstein,
die Theater im Dreiländereck mit der Neuen Lausitzer Philharmonie,
das polnische Mandolinenorchester, die Gründerzeitstraßen und die
Uferflächen beiderseits der Stadtbrücke "Papst-Johannes-Paul II."
sind die "Neue Mitte" der EUROPASTADT. Mithilfe der EUROPERA
wollen wir diese "Neue Mitte" gemeinsam zu einer kulturellen
Stätte der Begegnung, der Kommunikation und der
Völkerverständigung entwickeln.

Die Stadthalle als neuer Mittelpunkt von Görlitz/Zgorzelec:

Auf positiven Ideen aufbauend muss der Zweck unserer Stadthalle durch den Stadtrat (**Kreistag**) als **Grundsatz** festgeschrieben werden.

«Die Stadthalle dient als öffentliche Einrichtung dem kulturellen, wirtschaftlichen, gesellschaftlichen und politischen Leben des Landkreises und der Europastadt Görlitz/Zgorzelec. Sie wird politisch und wirtschaftlich in die bestehende Theater GmbH Görlitz/Zittau integriert*, neu aufgewertet und von einem gemeinsamen „Drei Bühnen Management" unter dem Schirm des Kulturamts im Landkreis geführt.

Die Stadthalle ist der feste Sitz der Neuen Lausitzer Philharmonie und des deutsch/polnischen Jugendorchesters, sowie der Europäischen Chor Akademie.

Der Aufsichtsrat der Theater wird erweitert und mit der Sicherung des Vorhabens beauftragt. Der Aufsichtsrat hat darauf zu achten, dass aus dem laufenden Betrieb ausreichende Rückstellungen für Instandhaltungen und Instandsetzungen getätigt werden, um einen Rückfall in die Bedeutungslosigkeit zu vermeiden».

Voraussetzung dafür ist, der Große Saal der Stadthalle wird, im Gegesatz zur Studie Drees & Sommer, in seinem Urzustand (vor 1937) wiederhergestellt.

Unter Beachtung der technischen Modernisierung, der notwendigen Sicherheitsbestimmungen, die für Gebäude denkmalspflegerisch zutreffen, ist vor allen Dingen auf die hervorragende Akustik des Großen Saales zu achten, ansonsten wird die Stadthalle als ein Funktionsgebäude im Jugendstil saniert.

Außerdem sollten dem neuen Verbund die Aufgabe übertragen werden, dass die Görlitzer Stadthalle unter Führung der Neuen Lausitzer Philharmonie die ‚Schlesischen Musikfeste' in Zusammenarbeit mit dem Zgorzelecer Stadtteil wiederbelebt.

Das aber erfordert den Einsatz von moderner Hubtechnik zur Be- und Entstuhlung des Großen Saals, den Einbau von moderner Beleuchtungstechnik, Akustik-, v.a. Schallmaßnahmen, Die

---

Wiederherstellung der Vollküche (Catering-Küche genügt nicht) und Schaffung von ausreichend Parkplätze für die Besucher.

Die Hauptaussage wäre eine Kooperation mit dem 4-Sterne-Parkhotel, aber sie bedingt auch eine 4-Sterne-Stadthalle.

Die Stadthalle wird in die Vermarktung des 15. Meridian einbezogen. Der 0-Meridian in Greenwich sollte dabei als Vorbild dienen. Entsprechende Einrichtungen dazu sind bei der Sanierung zu berücksichtigen.

Für die Sommerbespielung der Theater und die Open-Air-Konzerte anderer Anbieter und der Neuen Lausitzer Philharmonie, wird der Stadthallengarten in diesem Sinne rekonstruiert und genutzt. Ein zweigeschossiger Anbau inclusive.

Über die Art und Weise der gastronomischen Betreuung der Stadthalle und des Stadthallengartens ist in einem gesonderten Projekt zu befinden. Die Vollgastronomie ist in jedem Fall unabdinglich.

Das wichtigste Vorhaben nach der Sanierung der Halle sollte die Infrastruktur rund um die Stadthalle sein. Um einen regen Publikumsverkehr zu ermöglichen ist sie aufzuarbeiten, einschließlich der verkehrstechnischen Anbindung an den öffentlichen Nahverkehr.

*Die Stadt verpachtet die Stadthalle an die Theater gGmbH als 3. Spielstätte zum Betrieb auf eigene Rechnung. Es ist als weitere Frage zu klären, wie die Vertragsbeziehung zwischen Stadt als Eigentümer des Grundstücks mit der Stadthalle und der Betreibergesellschaft ausgestaltet werden soll. Ein solcher Pachtvertrag würde bei einer entsprechenden vertraglichen Verpflichtung des Pächters, den Betrieb der Stadthalle auf eigene Rechnung zu führen, grundsätzlich eine Dienstleistungskonzession darstellen, die nach derzeitiger Rechtslage **nicht förmlich ausschreibungspflichtig** ist. Das ist rechtlich sauber abzuklären – wenn nötig, mit der Staatsregierung.

Vereinigten Bühnen Görlitz-Zittau und das Messezentrum Löbau

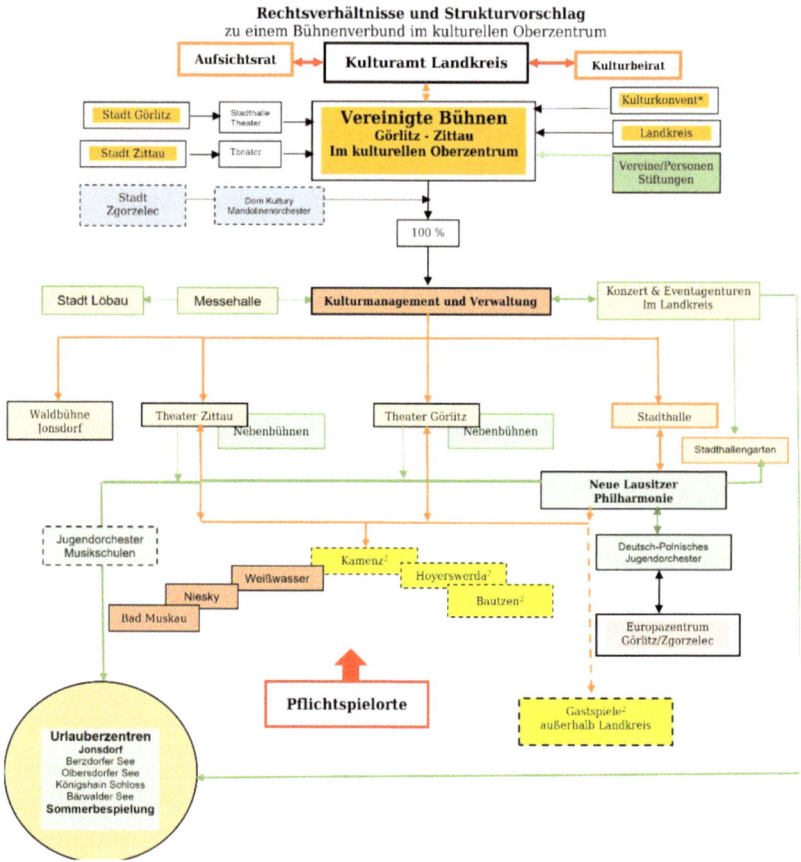

Die Strukturgrafik bezieht sich auf die Entstehung eines »Kulturellen Oberzentrums« für den Landkreis Görlitz unter Führung des Kulturamtes im Landkreis. Beratendes Organ ist der Kulturbeirat, in dem die festgelegten Gemeinden stimmberechtigt sind.

Die Wirtschaftlichkei des Bühnenverbundes

Der Freistaat hat das Etat des Kulturkonvents erhöht und so der Theater-GmbH 2,79% mehr Finanzen zur Verfügung gestellt. Die Kommunen müssen noch um den gleichen Betrag nachziehen. Um betriebswirtschaftlich erfolgreich zu sein, ist die Eigenerwirtschaftungquote der GmbH auf 30% des gesamten Zuwendungsbetrages anzuheben.

Bei der Anfertigung der Teil-Betriebswirtschaft für Theater/Stadthalle ist berücksichtigt worden, dass die heutige Arbeits- und Wirtschaftswelt neben einer soliden fachwissenschaftlichen Kompetenz auch eine kreative Handlungskompetenz sowie den Blick für Kulturwerte benötigt, die aus der allgemeinen Betriebswirtschaftslehre allein nicht zu gewinnen sind. Die herkömmliche Betriebswirtschaft wurde bewusst um fachübergreifende Perspektiven ergänzt, um somit in besonderer Weise der Herausarbeitung so genannter Schlüsselkompetenzen (z. B. bei Gewinnberechnung Stadthalle als reziproker Betriebswert) gerecht zu werden. Betriebswirtschaftlich-analytische Qualifikationen sind die Voraussetzungen zur Steuerung und Bewertung von Arbeits- und Geschäftsprozessen sowie die Fähigkeit zur Gestaltung von Schnittstellen, sie sind auch die Kernqualifikationen kaufmännisch-betriebswirtschaftlicher Berufe in der Kultur. Reziproke Konten sind korrekte Spiegelbildkonten; Das heißt: Verrechnungskonten zwischen Finanzbuchhaltung der VNG/Z und Betriebsbuchhaltung bei Vorliegen eines Zweisystems, die den buchungsmäßigen Zusammenhang zwischen den beiden Buchungsbereichen (äußerer und innerer Kreis) herstellen. Die Übergangskonten enthalten spiegelbildlich den gleichen *Buchungsinhalt:* Das Konto „VBG/Z" der Finanzbuchhaltung weist den Gesamtsaldo der ausgegliederten Konten der Betriebsbuchhaltung aus, das Konto „Stadthalle" der Betriebsbuchhaltung ist Spiegelbild des Kontos „VBG/Z".

Übergangskontenschema

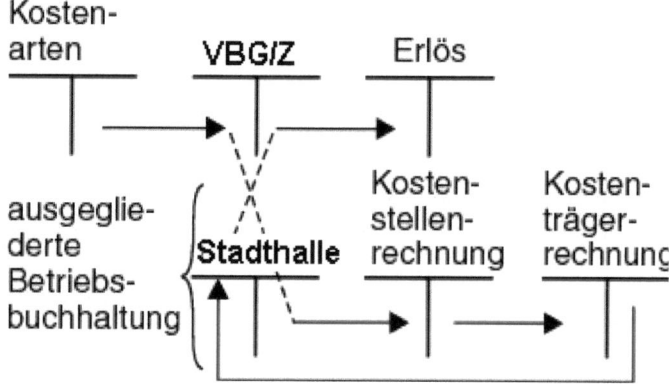

Erläuterung:
Ausgewiesene Rücklagen sind variable Teile des Eigenkapitals, **variabel** in Bezug auf die **Gewinnverwendung** oder in Abhängigkeit vom Verwendungszweck, z. B. Ersatzbeschaffungsrücklage; Rücklage bei Zuschüssen zur Anschaffung oder Herstellung von Anlagegütern. Bei Kapitalgesellschaften, und das ist eine GmbH, Reserven in der Form von Eigenkapital, das nicht als gezeichnetes Kapital, Gewinnvortrag oder Jahresüberschuss ausgewiesen und entweder auf gesonderten Rücklagenkonten bilanziert (offene Rücklagen) wird oder nicht in der Jahresbilanz in Erscheinung tritt (stille Rücklagen); **nicht zu verwechseln mit Rückstellungen**.

Rückstellungen sind nach Handelsrecht Verbindlichkeiten, Verluste oder Aufwendungen, die hinsichtlich ihrer Entstehung oder Höhe ungewiss sind. Durch die Bildung der Rückstellungen sollen die später zu leistenden Ausgaben den Perioden ihrer Verursachung zugerechnet werden. Es sind Verbindlichkeiten, Verluste oder Aufwendungen, die hinsichtlich ihrer Entstehung oder Höhe ungewiss sind.
Die nachstehenden Tabellen listen die Wirtschaftlichkeit eines bestehenden Bühnenverbundes auf. Auslastung, Preispolitik und Betriebswirtschaft werden auf dieserr Grundlage in den Tabellen 1 bis 4 dargestellt.

Wirtschaftbetrachtung der Vereinigten Bühnen

Unverbindliche Untersuchung Finanzierung VBGZ + SH Stand 2018

Bezeichnung	Theater GmbH Ist-Zustand bis 2018	Aufstockung und Eigenleistung	Vereinigte Bühnen Görlitz-Zittau gGmbH Ist Zustand bis 2022	Darunter Stadthalle	Bemerkungen
Zuweisung Kulturkonvent	6.650.000,00 €	2,71%	6.829.999,54 €	179.999,54 €	(Politische Entscheidung) Freistaat Sachsen 2018
Zuweisung Sitzgemeinden	2.157.320,00 €	2,71%	2.215.700,53 €	58.380,53 €	(Politische Entscheidung) Kommunen Landkreis ?
Zwischensumme	8.807.320,00 €		9.045.700,07 €	238.380,07 €	
Zuschuss von 8% zum Betriebskostenanteil Zuweisung für Görlitz und Zittau	704.585,60 €		846.756,01 €	123.100,00 €	Betriebskosten für 164 Tage + Grundsicherung 201 Tage
Zur Verfügung	9.511.905,60 €		9.892.456,08 €	361.480,07 €	
abzüglich vom Betriebsergebnis VBGZ nicht gespielter Konzerte der NLP im Theater Görlitz in einer Spielzeit	0,00 €	0,00 €	-228.000,00 €		ca. 24 Konzerte der NLP im Theater Görlitz, dir dem BE der SH zugeschlagen werden.
Erwirtschafteter Eigenanteil ohne Gastronomie (Soll)	2.642.196,00 €	30% plus Ergebnis SH	5.209.276,03 €	1.876.810,00 €	Bei Auslastung der SH 67,68% Übernahme BE in VBGZ
Tatsächlich erwirtschafteter Eigenanteil 2017 (Ist)	1.937.610,40 €	Differenz Eigenanteil			
Zur Verfügung	11.449.516,00 €	-704.585,60 €	16.978.542,10 €		Bereits variabel für die VBGZ einsetzbar
Personalschlüssel ohne Gastronomie	288		320		incl. Management und Orchester
Durchschnittliche Tariflöhne Theater ca. 3.350,00 €	10.195.200,00 €		-12.864.000,00 €		Durchschnittliche Tariflöhne der VBGZ 3.350 Euro
Haustarifvertrag -14% vom Tarif	8.767.872,00 €		0,00 €		
Produktions- und Inszenierungskosten ca. 20% der Verfügungsumme incl. SH	2.289.903,20 €		-3.395.708,42 €	-93.840,50 €	Stadthalle Gr. Saal, Kl. Saal ca. 5% Betriebs- u. Inszenierungskosten eine Davon-Zahl der BK
Benötigte Finanzen Überschuss	-1.427.328,00 €		718.833,68 €	0,00 €	Bei Auslastung der SH 67,68%
[1] incl. Gäste und Aushilfen			Reziproke Wirkung durch Verteilung des BE der SH		

Tabelle 1

Unverbindliche Untersuchung Finanzierung Gastronomie

Bezeichnung	Anzahl der Gastplätze	Umsatz je Gastplatz	Standard	Verweildauer Gastronomie	Gesamt
Gastronomie Stadthalle	800/4 (4 große Events)	35	112.000,00 €	16.800,00 €	128.800,00 €
Gaststätte im Normalbetrieb	80/164	20	262.400,00 €	131.200,00 €	393.600,00 €
Kleiner Saal	200/6 (6 große Events)	30	36.000,00 €	5.400,00 €	41.400,00 €
Stadthallengarten Sommertheater	450/100 (Monate Mai bis August)	15	675.000,00 €	168.750,00 €	843.750,00 €
Umsatzerwartung					1.407.550,00 €
Personalschlüssel Gastronomie	**Anzahl**				
Stammpersonal	15	481.500,00 €			-481.500,00 €
Pauschalkräfte	10	61.500,00 €			-61.500,00 €
Materialeinsatz (Speisen und Getränke)		492.642,50 €			-492.642,50 €
Betriebskosten		253.359,00 €			-253.359,00 €
Benötigte Finanzen Überschuss					118.548,50 €

Bezeichnung	Material- und Inzenierungskosten	darunter Betriebskosten	Personalkosten	Erwirtschafteter Überschuss	Davon Investitionen / Rücklagen
Gesamte Spielzeit VBGZ	-3.395.708,42	846.756,01 €	-12.864.000,00 €	718.833,68 €	539.125,26 €
Gesamt eine Spielzeit Gastronomie	-492.642,50 €	253.359,00 €	-543.000,00 €	118.548,50 €	88.911,38 €
Gesamtergebnis Variante	-3.888.350,92 €	1.100.115,01 €	-13.407.000,00 €	209.345,55 €	628.036,64 €
				Frei verfügbar	Betriebswerte reziprok

RÜCKLAGEN : Faktor 70% des erwirtschafteten Betriebsergebnisses für Investitionen
VERFÜGBAR: 30% des erwirtschafteten Betriebsergebisses für betriebliche Ausgaben
Verwendung der Rücklagen nur mit Zustimmung und Beschluss des Aufsichtsrates

Tabelle 2

Auslastung Stadthalle Variante NLP

Planungsgrößen Stadthalle	Anteilige Auslastung in %	Auslastungs-tage	Durchschnittliche Zuschauer je Vorstellung	Zuschauer gesamt	Erlöse
Planmäßige Philharmonische Konzerte der NLP u. Gäste	4,88	8	1.450	11.600	324.800,00 €
Weihnachtskonzerte der Neuen Lausitzer Philharmonie und Gäste	3,66	6	1.700	10.200	306.000,00 €
Neujahrskonzerte NLP und Gäste	1,22	2	1.700	3.400	102.000,00 €
Musikschulorchester Deutsch-Polnisches Jugendorchester	1,83	3	1.250	3.750	112.500,00 €
Schlesisches Musikfest Federführung NLP	3,05	5	1650	8250	247.500,00 €
Opern/Bühnenbälle/Sommernachtsball Frühjahr,Sommer und Herbst	1,83	3	500	1.500	375.000,00 €
Zusammenfassung 1 + NLP	16,46	27		38.700	1.467.800,00 €
Europa-Chorakademie	1,22	2	1.100	2.200	15.400,00 €
Orgel- und Chorkonzerte	2,44	4	1.150	4.600	32.200,00 €
Gastspiele Eventagenturen normal	4,88	8	1.100	8.800	61.600,00 €
Showtanzveranstaltungen der Tanzschulen und Vereine	2,44	4	500	2.000	14.000,00 €
Gast-Sonderchorveranstaltungen	1,22	2	1.500	3000	21.000,00 €
Mandolinenorchester Zgorczelec	1,22	2	1.500	3.000	21.000,00 €
Zusammenfassung 2	13,41	22		23.600	165.200,00 €
Russ. Ballette Eventagent 5€/Zuschauer		2	1500	3.000	21.000,00 €
Show-Events Eventagenturen		6	1200	7.200	50.400,00 €
Sommertheater SHG		13	380	4.940	108.680,00 €
Veranstaltungen kl. Saal (Kammerkonzerte etc.)		8	200	1600	11.200,00 €
Zusammenfassung 3	17,68	29		16.740	191.280,00 €

Tabelle 3

Auslastung Stadthalle Variante Sonstige

Sonstige Auslastung			Einzelkosten	Summe	Erlöse
Vermietung gr. Saal (7h GP) incl. Licht- und Tonanlage	9,15	15	2.500 €	37.500,00 €	37.500,00 €
Zusatzliches Personal (Kalk. Ca. 3% der VS)	Zusätzlich		35 €		1.125,00 €
je weitere h			357 €		noch offen
Gastronomie extra	Zusätzlich				noch offen
Vermietung kl. Saal (7h GP)	10,98	18	750 €	13.500 €	13.500 €
Zusatzliches Personal (Kalk. Ca 3% der VS	Zusätzlich		35 €		405 €
je weitere h	Zusätzlich		72 €		noch offen
Gastronomie extra	Zusätzlich				noch offen
Zusammenfassung 4	20,12	33		15.140	52.530,00 €
Auslastung der Stadthalle	67,68	89		77.440	Restverfügbarkeit
Unveränderte Preise in den Einnah	Aus Tabelle Betriebswirtschaft	Ergebnis Vereinigte Bühnen	718.833,68 €	Davon Stadthalle Plan	1.876.810,00 €
Für Zusätzlich geplante Veranstaltungen und Dienste	ca. 23% frei für NLP-Dienste und 10% für geplante gesellsch. Veranstaltungen etc. nach Berechnungsfaktor lt. Tabelle	Ergebnis Gastronomie	118.548,50 €	Davon Stadthalle Ist	1.876.810,00 €
		Gesamt Ergebnis	837.382,18 €	Differenz	0,00 €
		Frei verfügbar nach Abzug Rücklagen	251.214,65 €	Rücklagen	586.167,53 €

Tabelle 4

Zusammenhang Politik, Ökonomie und Kultur

Die politische Macht hat sich substantiviert als kulturelle Macht, als Verfügungspotenz, die sich gegen die Grundlagen menschlicher Kultur richtet: Entvölkerung der Landschaft, gegen die gesunde Lebensweise und das gesellschaftliche Zusammenleben. Nicht nur die gesellschaftlichen Produktionsverhältnisse, sondern auch die Gesellschaft als Kulturform für sich, als sozialer Lebenszusammenhang als solcher, als zwischenmenschliche Allgemeinheit, erweist sich für die Menschen als ein Machtverhältnis. Ein Machtverhältnis von welchem sie plötzlich abhängig sind, sodass sie nicht mehr wesentlich mitgestalten können, von dem ihr praktisches Leben aber weitgehend gestaltet wird. Ihre Abhängigkeit von ihrer Gesellschaft als kulturelles Verhältnis wird als Mittel einer Leuchtturmpolitik genutzt, um sie einer Ökonomie zu verdingen, die für sie keinen Sinn mehr hat und deren Arbeitsabläufe selbst nunmehr sinnentleert, Reproduktionen von gewohnten Gegebenheiten in beständig wechselndem Glanz und Design sind.
Die Kultur im Landkreis ist leider so zu einer Mythologie des besonderen geworden, die nicht mehr nur einer besonderen Schicht entspricht, sondern einer ganzen Gesellschaft. Darin wird Kulturkritik zu einem immer wichtigeren Moment einer Gesellschaftskritik, die zugleich eine vermittelte Kritik der politischen Ökonomie ist. Die Grundlagen hierfür sind daher sowohl kulturtheoretisch als auch wirtschaftstheoretisch.
Darin wird sich die Kritik der politischen Ökonomie zwangsläufig mit der Kritik der politischen Kultur verbinden, denn diese Kritik hat die Beziehung zu verwirklichen, die durch die Abstraktionen ihrer politischen Formationen entfremdet ist: Mit der Bildung des kulturellen Oberzentrums im Landkreis wird das Ziel, die Einheit von Sinn und Nutzen im gesellschaftlichen Leben der Menschen wiederherzustellen erreicht. Das ist vordringlicher Gegenstand der Arbeit.

Das kulturelle Oberzentrum des Landkreises Görlitz

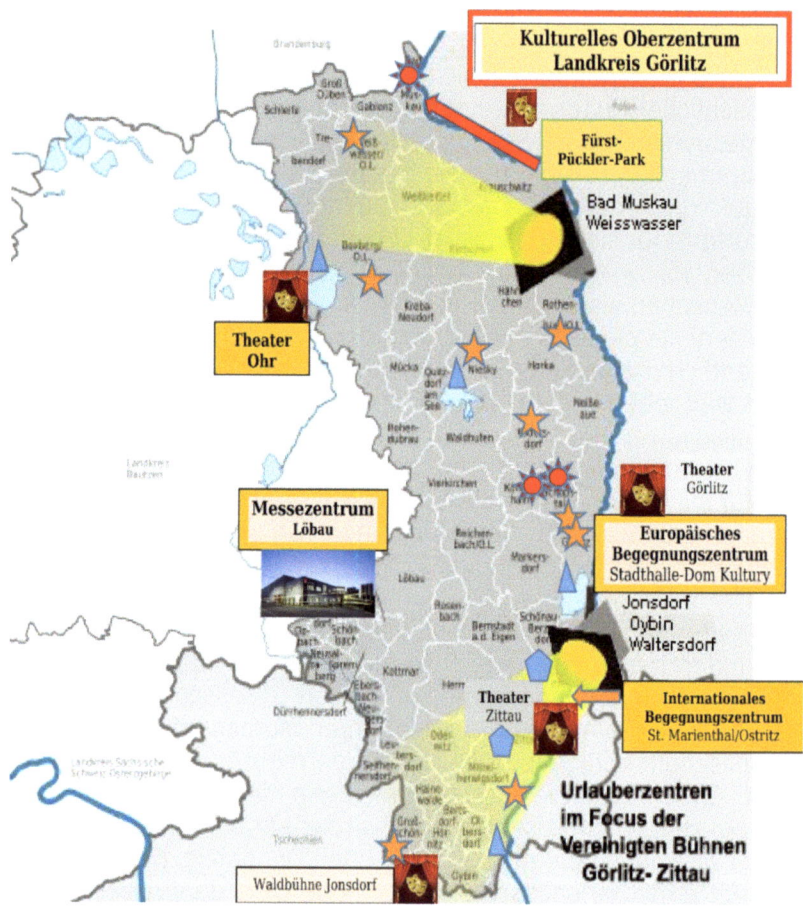

Theater- und Konzertaufführungen (Schwerpunkte)

im kulturellen Oberzentrum

Das kulturelle Oberzentrum außerhalb einer Metropolregion besitzt für den Landkreis eine herausragende Bedeutung für Politik, Wirtschaft und Tourismus. Es ist eine klare Abgrenzung zum Landkreis Bautzen und bedingt eine Reform des Kulturkonvents.

 Indutrieansiedelungen

Naherholungszentren: Bärwalder See, Quittsdorfer Stausee, **Berzdorfer See**, Olbersdorfer See

 Schloss Königshain, Schloss Krobnitz, Fürst-Pückler-Park (Konzertbespielung

Hochschulcampus Zittau/Görlitz

Das kulturelle Oberzentrum ist ein Instrument innerhalb der Raumordnung im System der zentralen Orte. Da in der flächenmäßig großen Oberlausitz keine Stadt die klassischen Eigenschaften eines Oberzentrums aufweist, nehmen die drei größten Städte der Region die Aufgaben eines Oberzentrums im ostsächsischen Raum gemeinsam wahr. Die Verwaltungs- und Koordinierungsstellen des Oberzentralen Städteverbundes mit ihrem Sitz in Bautzen werden von der Neuerung eines kulturellen Oberzentrums nur unwesentlich berührt. Hauptnutzer ist der Tourismus im Landkreis Görlitz.

Personalstruktur der Vereinigten Bühnen Görlitz-Zittau

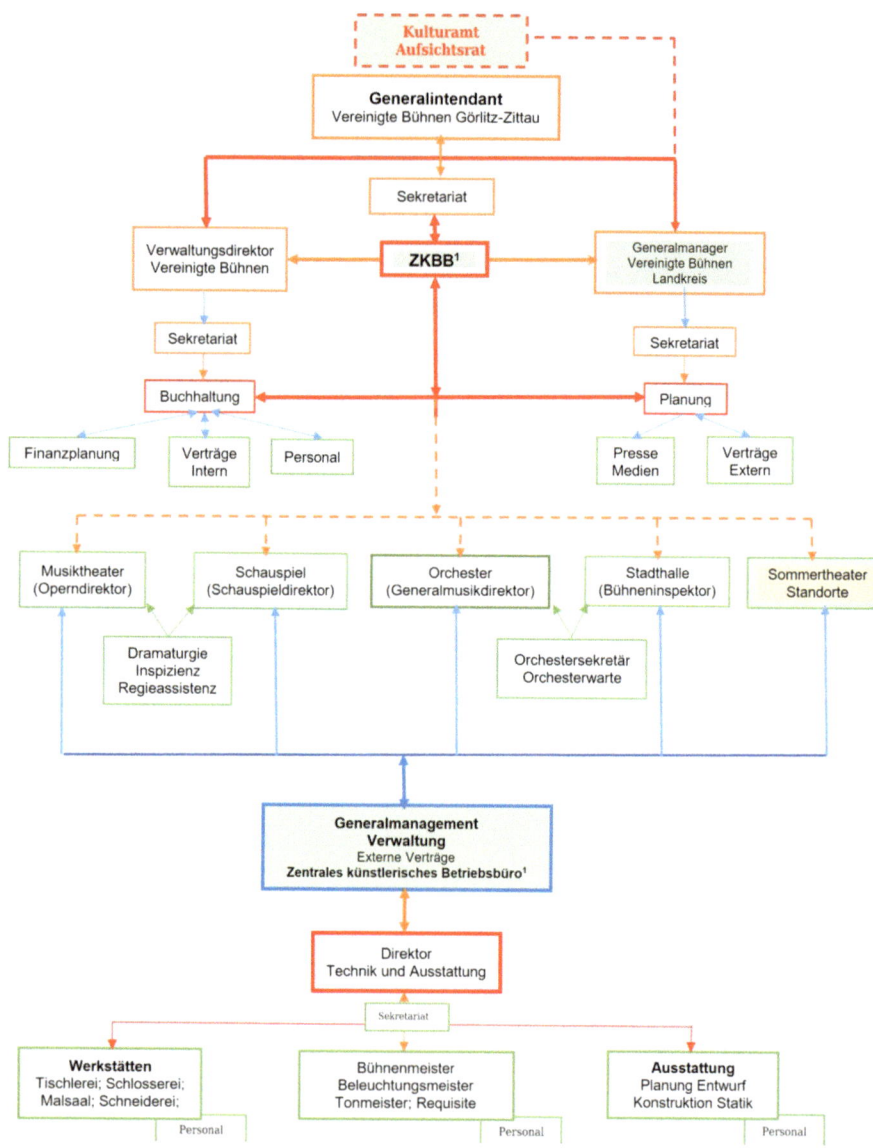

Die Strukturreform

Zentraler Punkt ist eine Strukturreform, ist die Schaffung eines Kulturmanagement- und Verwaltungszentrums, in dem alle kulturell bedingten Aktivitäten und Abläufe im Landkreis zusammenlaufen. Sie wirkt dem Dilemma im sogenannten ländlichen Raum des Landkreises Görlitz entgegen und kann seine Verluste durch die Binnenmigration und unzureichende Immigration teilweise ausgleichen.

Im Kulturmanagement vereinen sich:

Planung, Organisation, Führung und das Controlling von Kulturbetrieben und kulturellen Projekten.

Das Kulturmanagement- und Verwaltungszentrum geht über die Anwendung der Betriebswirtschaftslehre auf einen Kulturbetrieb hinaus: Sie berücksichtigt kulturanthropologische, kultursoziologische und künstlerische Aspekte.

Es steuert die „Vereinigten Bühnen G/Z" nach betriebswirtschaftlichen Grundsätzen, schafft Planungssicherheit für alle Häuser und die kulturellen Aktivitäten im Landkreis. In den Stammhäusern der VBG/Z verbleibt nur das Personal, welches für die Sicherstellung der unmittelbaren Produktionen und Veranstaltungen verantwortlich zeichnet. Über die endgültige Struktur und das Personal des Management- und Verwaltungszentrums ist einvernehmlich zu entscheiden. Wenn das politisch und finanziell geklärt ist, muss bereits während der Sanierungsphase mit der vorausschauenden Vermarktung begonnen werden. Das ist ein wichtiger Gesichtspunkt, die Stadthalle als Konzerthalle unter den Eventmanagern Deutschlands und Europas wieder ins Gespräch zu bringen.

Es gibt einige spezialgesetzliche Regelungen, wie etwa das Sächsische Kulturraumgesetz, in dessen § 2 Abs. 1 heißt es:

„Im Freistaat Sachsen ist die Kulturpflege eine Pflichtaufgabe der Gemeinden und Landkreise". Damit ist eine bedeutende Festlegung getroffen worden, die Pflichtaufgabe! Um diese durchzusetzen und mit Leben zu erfüllen, bedarf es einer engen Zusammenarbeit mit der Landesregierung und einer Reform des jetzigen Kulturraumes. Die beinhaltet die kulturelle Trennung des Landkreises Görlitz vom Landkreis Bautzen. Die Animositäten zwischen den Landkreisen haben inzwischen irreparable Formen angenommen, trotz eines Stimmrechtes für Görlitz im Konvent, die nur mit einer kulturellen Trennung geheilt werden können.

Einzugsbereich
für die Vereinigten Bühnen G/Z

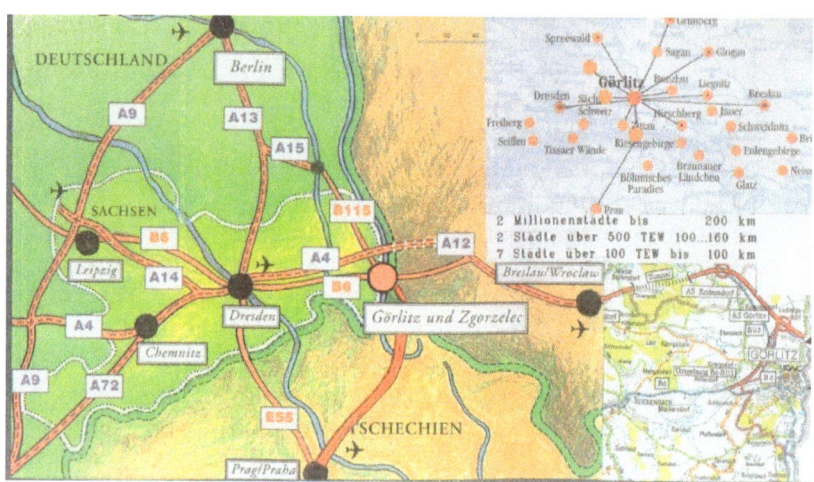

Auswirkungen auf den Landkreis

Die nachfolgenden Überlegungen sollen deshalb ein Denkanstoß zum künftigen Betrieb der Stadthalle im Verbund mit den bestehenden Bühnen im Landkreis Görlitz sein und sie sollen diesem zitierten Phänomen der Abwanderung entgegenwirken. Keinesfalls erheben diese Ideenfolgen Anspruch auf Vollständigkeit, dazu sollte gemeinsam noch vieles überlegt und getan werden. Die Assoziationen eines Bühnenverbundes sollen helfen, den jungen Menschen eine kulturelle Perspektive aufzuzeigen, dass sich die "Lebenswirklichkeit" nicht nur in den Metropolen widerspiegelt, sondern auch bei uns, in den kleineren Städten unseres Landkreises. Wenn aber die Würde des Menschen davon abhängig gemacht wird, wo er wohnt, dann ist das doch eine fatale Entwicklung, die wohl niemand will. Bringen wir die (finanziell) kränkelnden Kultureinrichtungen in die Debatte ein, stellen wir sehr schnell fest, dass sie, neben den fehlenden Arbeitsplätzen, eine der Ursachen für die

Abwanderungen der jungen Menschen sind. Dem ist jetzt durch Initiativen der Staatsregierung zur Finanzierung der Kultureinrichtungen Einhalt geboten worden.

Das Freizeitverhalten der einheimischen Bürger hat sich natürlich aufgrund der Altersstruktur verändert. Immer wieder werden diese reichlich untauglichen Argumente benutzt, weil das politische Establishment der Stadt einfach nicht über den Tellerrand schauen vermag. Es stimmt natürlich! Reine Theaterbesuche haben längst nicht mehr den Stellenwert wie noch vor Jahren. Auch das muss man akzeptieren. Aber dagegen kann etwas getan werden. Ausnahmen im Freizeitverhalten der Bürger im gesamten Landkreis bilden hier wirklich die Konzerte. Sie erfreuen sich nachwievor steigender Beliebtheit, gleichgültig, welche Altersgruppe und welches Genre sie bedienen. Gute Konzerte entbehren nicht der Nachfrage.

Was wir aber wissen ist: Theater, Konzerte, Museen und Bibliotheken, sind für die Menschen aller Altersgruppen identitätsstiftend, daran haben auch die Musikschulen einen nicht zu unterschätzenden Anteil. Demzufolge sind aufgrund der demografischen Veränderungen - logischer Weise - auch kulturelle Schwerpunkte neu zu besetzen und es müssen entsprechende Strukturen geschaffen werden, diese vorhandene Identität, trotz des demografischen Wandels, zu erhalten. Anreize für neue Strukturen sind zu schaffen, die vehement und nachhaltig in die Bildung eingreifen. Auf diese Weise wird auch der Nachwuchs in die kulturelle Entwicklung einbezogen.

Aber durch die Bindung der Zuweisungen (auch die des Kulturraumgesetzes) an die Einwohnerzahlen der Landkreise verschärfen sich die Skalenverluste noch mehr. Hier ist eine Änderung der Zuweisungspraxis nötig.

Das allergrößte Problem ist und bleibt die demografische Entwicklung im Landkreis. Bis 2030 – und das ist ja schon in reichlich zehn Jahren – wird die Zahl der erwerbsfähigen Menschen in der Region um bis zu 30 Prozent sinken. Das ist eine wirklich dramatische Entwicklung. Die Unternehmen werden es immer schwerer haben, Arbeitskräfte zu finden. Nicht mehr die Arbeitslosigkeit wird eine Rolle spielen, sondern der Mangel an Fachkräften. Der wird zu einem enormen Wachstumshemmnis werden. Auch werden kleinere Unternehmen verschwinden, weil die Unternehmer keine Nachfolger finden. Das ist aber vergleichsweise weniger dramatisch. Ja, dramatischer ist die insgesamt sehr geringe Wirtschaftskraft der Region. Beim Bruttoinlandsprodukt je Erwerbstätigem, dem Index, der die Wirtschaftskraft darstellt, liegt der Kreis Bautzen auf Platz 396 von allen 401 Landkreisen in Deutschland. Der Landkreis Görlitz steht ein bisschen besser auf Platz 340. Hier müsste sich wirklich etwas tun.

Die Oberlausitz kann auch von den Ausstrahlungseffekten der zahlreichen Forschungseinrichtungen profitieren, die es vor allem in Dresden gibt. Und wenn man sich die Daten anschaut, sieht man: Die Region ist auch hoch industrialisiert. Der Industrialisierungsgrad von 22 Prozent im Kreis Bautzen und 19 Prozent im Kreis Görlitz liegt über dem Durchschnitt in Sachsen. Außerhalb der Region wird das nur nicht wahrgenommen.

Der gesunde Menschenverstand allein, ein so respektabler Geselle, erlebt ganz die Öde einer verlassenen Region, sobald er sich in die weite Welt der Kultur wagt.

Die nachhaltig verfolgte Wirtschaftspolitik der vorherigen Staatsregierung, die Förderungen in die Metropole zu verlegen, die in manchen Gebieten auch berechtigt und sogar notwendig war, stieß doch jedes Mal früher oder später auf eine Schranke – die «Entvölkerung der Landkreise», einmal durch die demografische Entwicklung der Bevölkerung beeinflusst und zum anderen durch Abwanderungen der Jungend in die beschriebenen Zentren. Das sind die lösbaren Widersprüche für die Politik, die sie mithilfe einer reformierten, kulturellen Infrastruktur in Ordnung bringen kann und muss. Eine gut funktionierende kulturelle Infrastruktur lockt nicht nur Investoren in die Region, sondern sie veranlasst die Jungen zu bleiben.

Wenn der Landrat über Strukturänderungen innerhalb der bestehenden Kulturlandschaft nachdenkt, dann aber bitte in positiver Richtung. Mit der Veränderung der kulturellen Infrastruktur im Landkreis verändert sich auch die Kreativwirtschaft, die bisher immer, unberechtigter Weise, von der Wirtschaft getrennt wurde.

Was bedeutete demzufolge Kreativwirtschaft?
«Kreativwirtschaft, ist der Begriff, wonach die intellektuelle oder ästhetische Produktion zunehmend Maßstäbe eines kulturellen Warenverkehrs übernimmt und entsprechend gesellschaftliche Befindlichkeiten beeinflusst».
Das wird eigentlich auch in der Präambel des Sächsischen Kulturraumgesetz zementiert.
Präambeln bieten den Vorteil, daß aus ihnen die ratio legis, der Anlass und vor allem der Zweck der Gesetzgebung erkennbar werden. (Die **ratio legis** stellt nämlich Ziel und Zweck einer Rechtsvorschrift dar) Die Präambel des Kulturraumgesetzes formuliert diesen Zweck des Gesetzes in ihrem ersten Satz:

Satz 1 Präambel SächsKRG vom 20. Januar 1994:
In der Überzeugung, dass die Freiheit des geistigen Lebens und die Freiheit der Künste Ausdruck der 1989 friedlich errungenen Freiheit der Bürger Sachsens sind und für die Zukunftsfähigkeit unserer Gesellschaft unverzichtbar bleiben [...]
Streng interpretiert, können somit nur jene Aktivitäten aus den Kulturraummitteln von Staat und Kommunen kofinanziert werden, die dem Anspruch auf Mitwirkung bei Freiheitsverständnis und Mündigkeit der Bürger als Voraussetzung für die Zukunftsfähigkeit der Gesellschaft gerecht werden. Da die kulturraumgeförderten Sparten in ihrer Summe oft nur 10% der Einwohner erreichen, aber von 100% der Bürger finanziert werden, ist eine ständige Rückkoppelung an diese Zweckbindung essenziell. Es geht nicht um einen Finanzierungsautomatismus für teure Institutionen, sondern um „geistiges Leben" (SächsKRG), um der „moralischen Substanz des einzelnen und der Homogenität der Gesellschaft" willen.
Zweck des Kulturraumgesetzes ist die Bewahrung und Entfaltung des Freiheitsbewusstseins der sächsischen Bürger durch die Künste in sämtlichen Landesteilen, auch und gerade in seinen nichtmetropolitanen Regionen. Ziel des Kulturraumgesetzes ist die Heranbildung von Strukturen, die dies ermöglichen.
Und nicht zuletzt wäre zu fragen, durch welche Regelungen die organisatorische und künstlerische Erneuerung der Kultureinrichtungen begünstigt werden kann? Welche

Querschnittsaufgaben lassen sich aus verändernden gesellschaftlichen Rahmenbedingungen ableiten (bspw. Migration, Alterung der Gesellschaft), welche kulturelle Bildungsaufgaben? Welche Vorgaben oder welche Hilfsleistungen des Freistaates sind sinnvoll, um auch mit den Mitteln der Kulturpolitik die Reaktionsfähigkeit und die selbsttätige Erneuerung der Kommunen im Landkreis wirkungsvoll zu unterstützen?

Die resiliente Organisation des zentralen Kulturmanagements, ist stabiler und gleichzeitig auch beweglicher, weil es schneller in der Lage ist, konstruktiv Themen zu reflektieren und auf den Weg zu bringen.
(Siehe Strukturvorschlag Grafik Seite 49)

Das Interesse der Bevölkerung an ihrer Stadthalle ist noch immer riesig, wie der erneute Ansturm zum Tag des Denkmals 2016 bewiesen hat.
Auch die Kunstaustellung ANTOINETTE wurde von über 22.000 Besuchern angenommen. Ein Teilvon ihnen kam, um das Haus erstmalig von innen zu sehen. Der größte Teil aber kam, um den Zustand des Hauses nach fast fünfzehnjähriger Schließung zu begutachten und um sich an viele Veranstaltungen und Begegnungen, auch mit den großen Stars, zu erinnern. Dazu erklang, als besonderes Erlebnis, die Stadthallenorgel. Die Mitglieder des Fördervereins hatten mit großem Einsatz dafür gesorgt, dass der Besuch in der Stadthalle möglich wurde. Dafür gebührt Dank!

Anhänge:

Sommerbespielung Gerhart-Hauptmann-Theater
Stadthallengarten

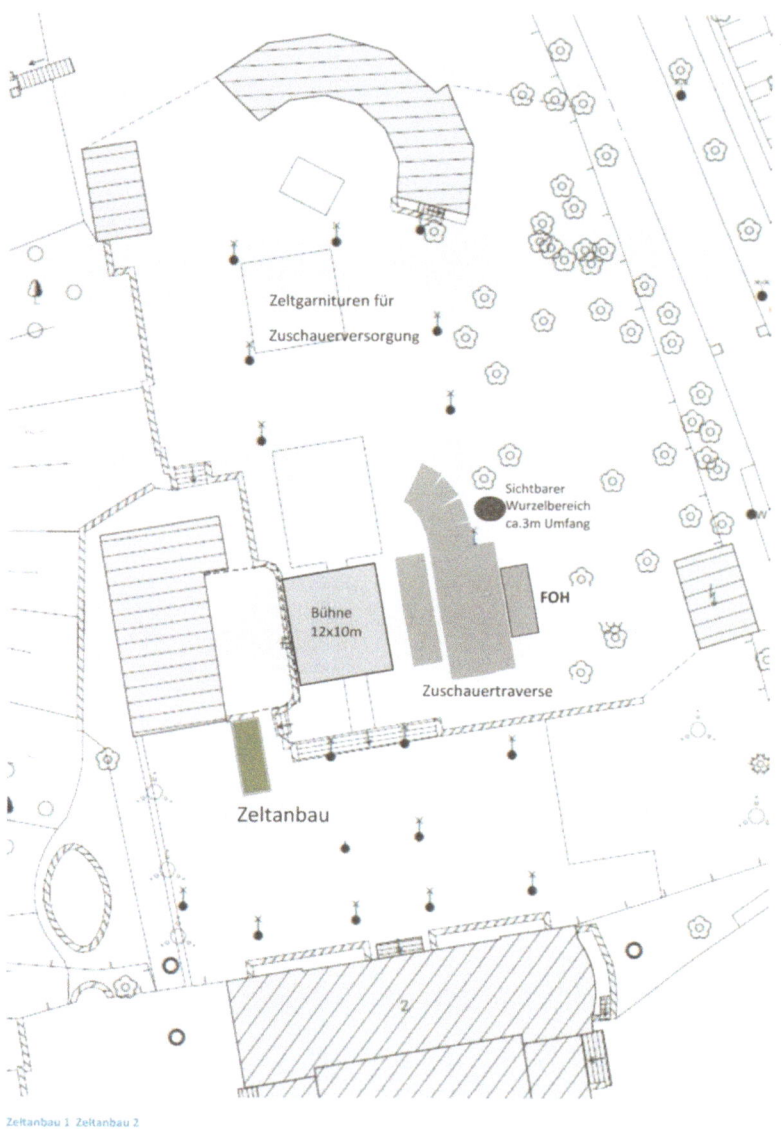

Planung
eines hypermodernen Anbaus

Anbau an die Stadthalle auf der Neißeseite

Abgesehen von der zweifelhaften Funktionalität und dem damit einhergehenden Stilbruch, werden mindestens bis zu 30 PKW Parkplätze bzw. 25 Busparkplätze, für die jetzt schon knappe Parkplatzsituation, wegfallen.
Unter der Regie des Stadtgartendirektors Ernst Schneider entstand in den Jahren von 1906 bis 1910 die als "Konzertgarten" zur Halle gehörende Anlage.
Der Garten galt aber als eigenständige architektonische Gartenanlage und wurde bis in die Gegenwart hinein genutzt. Die Funktion als „Konzertgarten" In den Sommermonaten wurde durch die Einbauten einiger Gastronomiegebäude zu DDR-Zeiten nicht beeinträchtigt, sondern noch hervorgehoben. Der Denkmalschutz der Anlage als „architektonische Gartenanlage" ist aber schon zu DDR-Zeiten durch die Einbauten fraglich geworden. Der Stadthallengarten bietet

somit die Möglichkeit, einen notwendigen, unterkellerten und zweigeschossigen Anbau in sich aufzunehmen, um die fehlenden Funktionräume für die Konzerthalle und die Sommerbespielung wirkungsvoll zu bedienen.

In diesen Anbau sind alle Funktionsräume, die nicht im Kellergeschoss der Stadthalle untergebracht werden können, zu integrieren.

Das jetzt als Bühnenhaus genutzte Gebäude sollte in den Anbau einbezogen und um eine Etage aufgestockt werden, um die Büroräume aufnehmen.

Die Gestaltung der Innenfassade muss der Hinteransicht der Stadthalle angeglichen werden.

Und noch etwas Wichtiges:

Die Stadthalle steht unter Denkmalschutz und genießt außerdem Bestandsschutz. Eine bauliche Maßnahme dient dann der **Bestandserhaltung**, wenn durch sie die **Identität** des geschützten Bestands erhalten bleibt, wenn also Standort, Bauvolumen und Zweckrichtung nicht geändert werden. Dies schließt auch Modernisierungsmaßnahmen ein.

Das ist auch das Ziel des Fördervereins der Stadthalle.

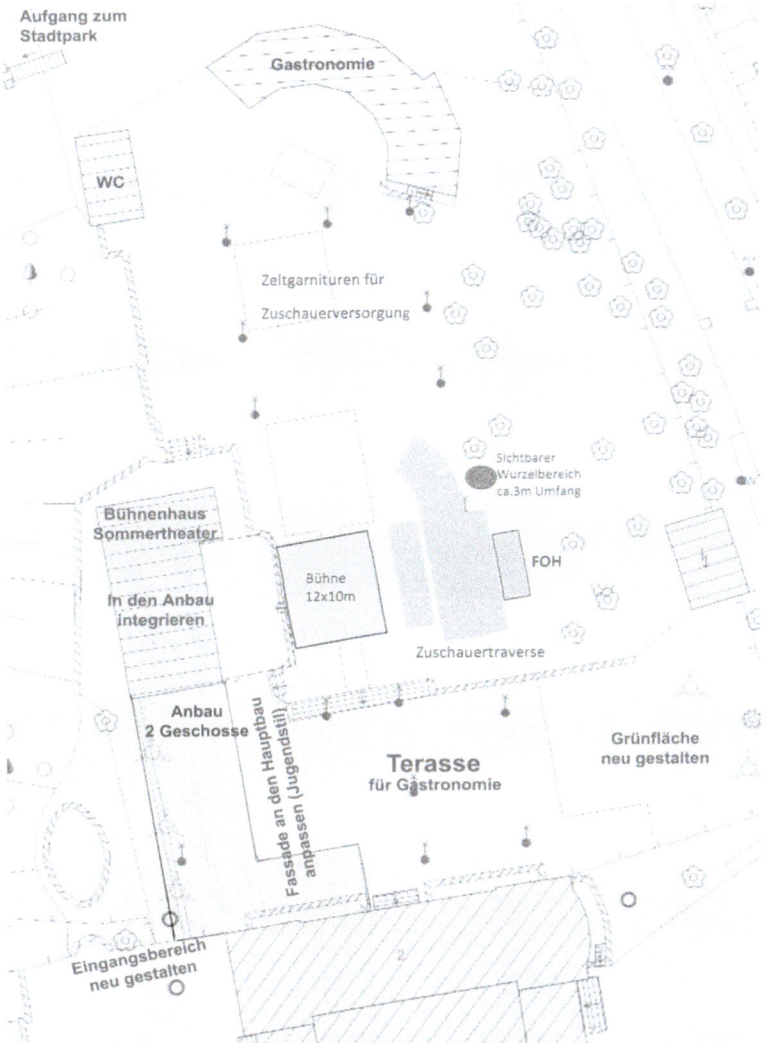

Aufgang zum Stadtpark

Gastronomie

WC

Zeltgarnituren für
Zuschauerversorgung

Sichtbarer
Wurzelbereich
ca.3m Umfang

Bühnenhaus
Sommertheater

FOH

In den Anbau
integrieren

Bühne
12x10m

Zuschauertraverse

Anbau
2 Geschosse

Fassade an den Hauptbau anpassen (Jugendstil)

Terasse
für Gastronomie

Grünfläche
neu gestalten

Eingangsbereich
neu gestalten

Vorschlag für einen Anbau an die Stadthalle

Ist das nicht eine Alternative im Nahverkehr von Görlitz?
Linie: Rauschwalde-Demianiplatz-Hochschule-Stadthalle

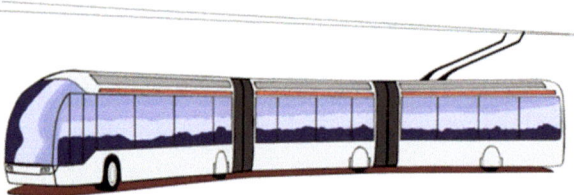

Der Trolleybus

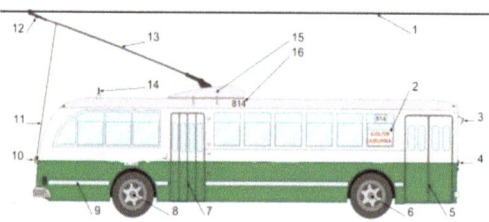

In Bereichen mit vorhandener Straßenbahnen ist es wirtschaftlicher sich auch für den Obusbetrieb zu entscheiden, da die Infrastruktur (Gleichrichterwerke, gesamte Organisation und Wartungsfahrzeuge) dieser für den Obus genutzt werden könnte. Besonders der Linienverkehr in den Städten Görlitz und Zgorzelec ist ideal für den Drahtbus, da er auf immer gleichen Routen fährt, und einige Streckenabschnitte parallel befahren werden. Freilich müssen für den Sonderverkehr weiterhin drahtunabhängige Fahrzeuge bereitgehalten werden. Der Betrieb auf Stadtlinien mit elektrischen Bussen weist weitere umweltpolitische Vorteile auf.

Moderne Fahrleitung Obus: Nur auf einer Straßenseite die Masten aufgestellt, lange Ausleger über beide Fahrbahnen. Die Masten können auch gleichzeitig als Lichtmasten für die Straßenbeleuchtung genutzt werden, sodass nicht mehr Maste aufgestellt werden müssen Als betriebliche Vorteile können das vollständige Entfallen eines eigenen Bahnkörpers, das betriebssichere Arbeiten des elektrischen Antriebes, seine einfache Unterhaltung und die elektrische Anfahrsteuerung angeführt werden, die bei Verbrennungsmotoren erforderliche Getriebeschaltung vollständig entbehrlich macht (Gewichtseinsparung).

Die Diesel-Omnibusse werden immer höher motorisiert, ein Diesel-Linienbus für den Stadtverkehr verfügt nicht selten über mehr als 300 PS (220 kW). Die damit verbundene Lärm- Abgasemission mindert die Lebensqualität in den Städten. Im Hinblick auf das weltweite Kohlendioxid-Problem (Stichwort Klimaschutz, Senkung des CO_2 Ausstoß in den Industrieländern) sind elektrisch geführte Busse zukunftsweisend. Für die urbane Stadt stellt der Einsatz von Dieselbussen eine vermeidbare Partikel- und Stickoxidbelastung dar. In der Geschichte gab es auch Obus-Leitungsnetze, die nicht nur dem Trolleybus zur Verfügung standen, sondern auch kleine LKW das vorhandene Netz in der Stadt nutzten. Ein interessanter Ansatz zur Umsetzung des Kioto-Abkommens der Industriestaaten dieser Welt zur Minderung des CO_2 Ausstoßes.

Der Trolleybus bedient Stadthalle, den Standort der Hochschule und kann, nach Regelung mit der Republik Polen, grenzüberschreitend eingesetzt werden!

Elektro-Shuttlebus

Zur Entlastung der Parkplatzsituation:
Einsatz von Elektro-Shuttlebusen für Fahrten von zentralen
Parkplätzen der Stadt zur Stadthalle oder aus dem Stadtzentrum
(z.B. Postplatz) zur Stadthalle und nach Veranstaltungsende
zurück.
**Das bedingt, dass mehrere Elektro-Zapfsäulen zur
Verfügung stehen müssen!**

Seite 75

Das soziokulturelle Zentrum - Industrie- und Jugendkultur vereint
(Aus einem Beitrag der SäZ)

Nach langen politischen Vorbereitungen kann es nun losgehen. Für das soziokulturelle Zentrum in der Görlitzer Innenstadt kam nun der Fördermittelbescheid aus Dresden. Görlitz. Die Aura von „Lost Places", also dem Zerfall ausgesetzter Relikte der menschlichen Zivilisation, ist in den vergangenen Jahren zu einem echten Trend geworden. Gerade junge Leute haben diese „verlorenen Orte" oft für Partys aller Art entdeckt, da man dort geradezu mystisch einstiges Leben mit Vorstellungen der Zukunft wiederbeleben kann. Und schon manches Mal hat das neu eingehauchte Leben dazu geführt, dass sich die Gesellschaft dem verlorenen Objekt annahm. Die zu Kaisers Zeiten so prosperierende Stadt Görlitz kann man geradezu als Hort solcher verlorenen Orte bezeichnen, die nach neuem Leben schreien. Einer dieser verlorenen Orte in Görlitz wird schon bald kein verlorener Ort mehr sein. Das neue soziokulturelle Zentrum wird in der Furnierhalle des früheren Waggonbau-Werkes I einziehen. Pläne für den Umbau wurden am 4.Januar vor Ort visualisiert Pressevertreten vorgestellt. Anlass dafür war, dass die sächsische Staatsministerin für Wissenschaft und Kunst, Eva Maria Stange (SPD), den Fördermittelbescheid an Oberbürgermeister Deinege überbrachte. Im Rahmen des Programms „Brücken in die Zukunft" fließen nun rund 1,03 Millionen Euro für die bauliche Einrichtung des Zentrums. Dennoch hatte die Stadt erst einmal mit sich um den Standort gerungen, so der Oberbürgermeister bei der Übergabe. Man habe einerseits nicht an den Stadtrand gewollt, andererseits gab es zunächst die Absicht, neben der 1904 errichteten Furnierhalle auch noch ein benachbartes Gebäude mit in die Baumaßnahme einzubeziehen. Die Finanzen hätten dies jedoch nicht zugelassen, immerhin schlägt das gesamte Vorhaben nun bereits mit 3 Millionen Euro zu Buche. Der Umbau des einstigen Industriegebäudes der Waggonbauwerke zum Kulturzentrum mit Veranstaltungsraum, Workshop-, Seminar und Büroräumen kann dennoch ohne konzeptionelle Abstriche umgesetzt werden. Staatsministerin Stange erklärt und betonte bei der Übergabe: „Mit dieser Einrichtung wird Görlitz ein Zentrum bekommen,

welches am gesellschaftlichen und sozialen Zusammenhalt in der Stadt arbeiten wird. Diese Begegnungsstätte für Jugendliche und kulturell interessierte Bürger jeden Alters wird nicht nur künstlerische Betätigungen und Begegnungen ermöglichen, sondern auch wichtige kulturelle Bildung leisten. In solch einem kommunalen Haus haben alle Interessenten die Möglichkeit mitzumachen, weil es keine Eintrittsschranken geben wird. Die Angebote gelten grenzüberschreitend für alle Interessierten".
Siegfried Deinege denkt bei der „Entfaltung neuer kultureller, pädagogischer sowie gesellschaftlicher Perspektiven insbesondere für die jüngere Generation", vor allem auch an einen Baustein, der das Hierbleiben für die nachwachsende Generation interessant macht. Die Herangehensweise, die zukünftigen Betreiber vom Verein Second Attempt e. V. bereits in der Planungsphase „inhaltlich und konzeptionell zu involvieren", sei innovativ und sichere die Akzeptanz und Funktionalität des Zentrums. Die Sanierungsmaßnahme sieht vor, zunächst das einsturzgefährdete Dach sowie Einbauten abzubrechen. Anschließend werden die Stahlstützen gestrahlt, erhalten einen Korrosionsschutz und anschließend noch eine Brandschutzbeschichtung. Neben der Errichtung eines neuen Daches, das die Anforderungen an den Brand-, Wärme- und Schallschutz erfüllt, wird auch der gesamte, teils belastete Fußboden abgebrochen und eine neue durchgehende Bodenplatte gegossen. Wo es geht, werden Einbauteile in der Werkhalle geborgen oder gesichert und im neuen Jugendzentrum platziert, beispielsweise der alte Hallenkran. Durch die Haus-in-Haus Lösung werden letztendlich neue Räumlichkeiten im Inneren der Furnierhalle geschaffen. Das Herzstück bildet der Veranstaltungssaal für circa 300 Personen, daneben entstehen Werkstätten, ein Jugendklub, ein
Bandprobenraum, Büros, eine Workshopküche und Sanitäranlagen. Das Programm „Brücken in die Zukunft" wurde vom sächsischen Landtag im Dezember 2015 aufgelegt und dient der weiteren Verbesserung der Infrastruktur in den Kommunen. Es ist das größte Investitionsprogramm in die kommunale Infrastruktur seit 1990, bekundet man stolz im Ministerium. Ministerin Stange griff bezogen auf die Worte von Siegfried Deinege die Signalwirkung für den Görlitzer Raum auf,

der durch die Schwierigkeiten bei Siemens, Bombardier und dem Waggonbau Niesky und jüngst auch die Absage der chinesischen Investition auf dem Rothenburger Flugplatz mehrfach gebeutelt ist. „Die Wiederbelebung einer Industriebrache bildet ein starkes Zeichen dafür, dass es Vertrauen in die Zukunft dieser Stadt gibt", so Dr. Stange. Bauamtsleiter Torsten Tschage kündigte die Ausschreibung der Bauleistungen an. Im Anschluss werde man zunächst Abbrucharbeiten an Dach und am Fußboden vornehmen, ehe die eigentlichen Neubaumaßnahmen beginnen könnten. Die für Industrieanlagen der Gründerzeit typischen Stahlträger und die charakteristische Klinkeroptik bleiben jedoch im Sinne des Denkmalschutzes erhalten. Auch die Kranbahn wird weiter Bestandteil der Halle sein und greift somit den besonderen Charme der Industriekultur auf. Für den künftigen Betreiber erinnerte dessen Vorsitzender Christian Thomas daran, dass das Projekt vor sechs Jahren kreativ mit einem Flashmob von Jugendlichen im Stadtratbegonnen habe. Dort hatten die jungen Görlitzer auf fehlende Infrastruktur für ihre Bedürfnisse hingewiesen. Man habe die Zeit seither genutzt, sich selber im Tun zu professionalisieren, um dem nun auch bestehenden Erfüllungsdruck standzuhalten. Das Vertrauen, das man mit dem Auftrag der Führung des Hauses erhalten habe, gelte es in der Praxis zu rechtfertigen. Letztlich wurde seitens eines Teils der Stadträte und der Presse die Frage der politisch-gesellschaftlichen Unabhängigkeit aufgeworfen. Thomas betonte, dass diese außer Frage stehe. Bevor sie den Praxistest, an dem nun nicht mehr verlorenen Ort bestehen kann, darf sich Görlitz zumindest bereits auf die Erhaltung eines wichtigen Relikts seiner facettenreichen Geschichte im Stadtbild freuen.
Dieses Projekt steht in keinem kausalen Zusammenhang mit der Stadthalle – auch wenn das politisches Establishment es gerne so sehen möchte. Trotzdem wird dieses Vorhaben nicht die Funktion einer Stadthalle ersetzen können! Aber das Vorhaben ist wichtiger Bestandteil einer zielgerichteten Jugendarbeit in der Europastadt GörlitZgorzelec, denn immer mehr polnische Bürger bevölkern inzwischen unsere Stadt und weiterer Zuzug ist abzusehen.

Die kulturelle Infrastruktur des Landkreises Görlitz

Das Dilemma des sogenannten ländlichen Raums im Landkreis Görlitz sind seine Verluste durch die Binnenmigration und unzureichende Immigration, hervorgerufen durch die unsägliche Leutturmpolitik der damaligen Regierung Biedenkopf. Politisch ist diese Wirtschaftsform dort, wo sie sich nicht in der Wirtschaftlichkeit menschlicher Arbeit begründet, sondern in gesellschaftlichen Machtstrukturen. Seit den Zeiten von Kurt Biedenkopf folgte die Staatsregierung der fatalen Ideologie der «Wachstumskerne». Das will sagen, dass die Politik zuerst die Großstädte und hier wiederum besonders die Metropolen fördert. Dann lange nichts. Und wenn dann nichts mehr übriggeblieben ist, werden ganz am Ende die Mittel- und Kleinstädte gefördert. Es war ein fataler Fehler, wie sich herausstellte.

Die Infrastrukturen der verödeten Landstriche wieder aufzubauen wird nun teurer, als solche in Ballungsräumen einzurichten. Durch die Bindung der Zuweisungen (auch die des Kulturraumgesetzes) an die Einwohnerzahlen der Landkreise verschärfen sich aber die Skalenverluste noch mehr. Der Wegzug der Jungen, der Gebildeten, der vielen jungen Frauen schaffte erhebliche Lücken bei der Regeneration von Funktionseliten und unterminierte die demokratischen Strukturen in besorgniserregendem Ausmaß. Dieser fatalen Entwicklung der Verödung stemmt sich die Staatsregierung, unter ihrem Ministerpräsidenten Michael Kretschmer, entgegen. Und sie braucht parteiübergreifend Unterstützer im Land. Erste Maßnahmen zur Schaffung einer wirksamen Infrastruktur wurden bereits erfolgreich eingeleitet, aber noch hinkt die Erneuerung der kulturellen Infrastruktur der Entwicklung hinterher.

Das kann aber nur ein Anfang sein. Der Freistaat hat ausreichende Einkünfte, die eine Erhöhung der Rückflussmenge der Wissenschafts- und Kunstmittel statt der bisherigen 2%, auf 4 - 4,5 % in die kulturellen Einrichtungen des Landkreises möglich machen sollte.

Die hier interessierende Frage ist, welche Art von Kunst und Kultur die Vorstellungswelten auf den ländlichen Raum zutreffen – der ja faktisch Ursache der Mobilität ist. Es sind interessanterweise weniger harte Faktoren wie Arbeitsplätze, Wohnraumversorgung oder Sozialversorgung. Ursache der einseitigen Mobilität vom ländlichen und mittelstädtischen Bereich in die Ballungsräume sind vor allem **Vorstellungswelten** der Generationen. Diese mentalen Prozesse gilt es näher in den Blick zu nehmen.

Welche spezifischen Instrumente zur Resilienzstärkung müssen als strategische „Mindestmaßnahme" ausgebildet werden? Das heißt nichts anderes, **als die Bündelung der kulturellen Kräfte, um zielgerichtet jeden Winkel im Landkreis spürbar zu erreichen, nicht nur die Urlauberzentren, sondern wirklich jeden Winkel.**

Die demographischen Verluste von teils einem Drittel und mehr der Einwohnerschaft in entlegenen Dörfern führen nicht nur quantitativ zu einer Verödung, sondern bei der Gewährleistung der Daseinsvorsorge, wie das Schulsystem, das Trinkwasser- und Abwassersystem, der Anschluss an das Internet, das Verwaltungssystem, erzeugt es gewaltige Defizite. Sie stellen auch das politische System vor eine Zerreißprobe und befördern offen freiheitsfeindliche Kräfte; wie sie die AfD oder die PEGIDA-Bewegung darstellen.

Die Politik kann nicht alle Erwartungen erfüllen. Aber sie muss zeigen, dass sie sich kümmert und zurzeit tut sie das! Aber sie muss auch den Mut haben, Änderungen in Angriff zu nehmen, die die eingefahrenen Gleise der Strukturen auf den neuesten Stand bringen. Dazu gehört auch in jedem Fall der Aufbau einer neuen, kulturellen Infrastruktur für den Landkreis Görlitz, die den Vorstellungswelten der jüngeren wie der älteren Generation Rechnung tragen. Die Assoziationen eines Bühnenverbundes Görlitz-Zittau mit der Stadthalle nach österreichischem Vorbild, wären ein machbarer Weg, zumindest einen Teil dieser Defizite wirksam abzubauen.

Verwendete Literatur:

»**Kultur als Wirtschaftsfaktor in Österreich**«
vom 12.08.2013
»**Ökonomische Effekte der ‚Vereinigten Bühnen Wien'**«
Studie vom April 2011
»**Wahrnehmungsbericht des Rechnungshofes zu den ‚Vereinigten Bühnen Wien'**«
Rechnungshof ZI 001.509/044-Pr/6/01
»**Öffentliche Zuschüsse fördern Vielfalt und Innovationskraft von Opernhäusern**«
2012/ 2 insight.
»**Umwegrentabilität der kulturellen Eigenbetriebe der Stadt Leipzig**«
HTWK Leipzig 2014
»**Case Study Vereinigte Bühnen Wien** «
»**Erste wissenschaftlich fundierte Studie in Deutschland über ökonomische Auswirkungen eines Konzerthaus-Betriebs** « Leipziger Gewandhaus
»**Weinheim Mietpreisliste der Stadthalle** «
»**Entwicklungspfade der Sächsischen Kulturräume** «
Prof. M. T. Vogt Mai 2014
»**Konsolidierungskonzept Gerhart-Hauptmann Theater GZ 2011 – 2016** «
»**Der Besucher muss staunen** «
Roland Skupin SZ vom 11.10.2016
»**Würde des Sachsen hängt vom Wohnort ab!** «
Prof. M. T. Vogt Oktober 2016
»**Verguetungsumfrage-Theaterjobs 2013**«
»**Sachsen Kulturpolitik und deren Zukunft** «.
29.06.16 Deutscher Kulturrat
»**Zweckverband Kulturraum OL-NS**
Festsetzung Zuwendung v. 26.3.15 «
»**Stadt Görlitz hilft Theater aus Notlage** «
SZ v. 09.12.16
»**Chursächsische Veranstaltungs- GmbH** «
»**Die Oberlausitz steckt in einem Teufelskreis** «
Prof. Dr. Ragnitz 3.11.17
»**Förderliste institutionelle Förderung 2018**«
Kulturraum Oberlausitz-Niederschlesien
Projektstudie Stadthalle **Görlitz**
Drees & Sommer Stand 14.06.2012

Danksagung

Bei den umfangreichen Recherchen zur Görlitzer Geschichte wurde ich unterstützt vom Ratsarchiv der Stadt, von Herrn Roland Skupin, ehemaliger technischer Leiter der Stadthalle und vom StadtBild Verlag Görlitz.
Besonderer Dank gilt dem Presse & Buch Zentrum, Herrn Thomas Joscht, ohne dessen umfangreiche Hilfe diese Broschüre nicht entstanden wäre.

Görlitz im Januar 2019
Hans-Peter Bauer

Impressum:

Biblografische Information der Deutschen Nationalbiblithek: Die Deutsche Nationalbibliothek verzeichnet diese Publikation in der Deutschen Nationalbibliografie; detaillierte bibliografische Daten sind im Internet über dnb.dnb.de abrufbar.

© 2019 by Hans-Peter Bauer
Herstellung und Verlag
BoD – Books on Demond, Norderstedt

ISBN: 9783748171867